생활회화 · 관광 · 업무 · 상용 · 입시

JAPANESE SPEAKING 일본어회화

손에 들고 떠나는

IB 아이템북스

흔히 우리는 일본을 가깝고도 먼 나라라고 합니다. 정녕 그렇습니다. 그들은 우리에게 많은 상처를 주었습니다.

그러나 우리는 피해 의식에만 사로잡혀 있을 수만은 없습니다. 그들의 정치·사회·문화·경제 등을 배워, 구할 것은 서슴지 않고 구하며, 버릴 것은 과감히 버려야 합니다. 즉, 그들의 선진화된 것을 취해야 합니다. 그래서 새로운 세기에는 따뜻한 동반자가 되어 서로 협력하고 협동도 해야 합니다.

그러므로 이 책은 일본을 여행하여 눈으로 직접 배우고 깨닫게 하기 위한 가장 기초적인 회화를 중심으로 엮었습니다. 특히 꼭 알아두어야 할 어휘들만 간추려 회화가 될 수 있도록 하였을 뿐만 아니라, 국어연구소에서 펴낸 《외래어 표기 용례집》을 무시하고 현지 발음대로 따랐습니다.

아무쪼록 일본을 여행하실 때 이 책이 친절한 파트너가 되어, 많은 도움이 되길 바랍니다.

엮은이

차 례

기본 의사 표시 9

① 기본 의사 9
② 기본 인사 12
③ 기본 질문 14
④ 도난·분실 17
⑤ 기수·서수 18
⑥ 시각·일·주 21
⑦ 월력·계절 23
⑧ 대명사 25
⑨ 색 26
⑩ 국가·국민·언어 28
⑪ 가족 30
⑫ 직업 32

공항에서 34

① 출발하기 전 36
② 중간 귀착점 38
③ 하물 39
④ 꼭 알아두어야 할 단어 40

비행기 내에서 43

① 무엇을 부탁할 때 46
② 무엇을 물을 때 47
③ 꼭 알아두어야 할 단어 48

입국 심사 세관 절차 53

① 출입국 수속 55

② 통관 56
③ 꼭 알아두어야 할 단어 58

여객선 64

① 선박 여행 67
② 꼭 알아두어야 할 단어 68

환전·여행수표 73

① 교환 여행사 수표 75
② 꼭 알아두어야 할 단어 76

공항에서 시내로 77

① 공항에서 시내로 들어갈 때 79
② 꼭 알아두어야 할 단어 80

호텔에서 81

① 프런트 데스크 84
② 방(Room) 86

레스토랑 92

① 레스토랑 95
② 꼭 알아두어야 할 단어 97

교통 운수 104

① 철도 106
② 택시 109
③ 버스 112
④ 전세차 113
⑤ 꼭 알아두어야 할 단어 114

갈 곳을 물을 때　　　　**118**

① 갈 곳을 물을 때　　　　120
② 꼭 알아두어야 할 단어　　122

관광　　　　**126**

① 관광 안내소　　　　128
② 관광 버스　　　　129
③ 사진　　　　132
④ 지도　　　　133
⑤ 꼭 알아두어야 할 단어　　134

쇼핑　　　　**139**

① 쇼핑　　　　141
② 미용실・이발소　　　　144
③ 카메라　　　　145
④ 꼭 알아두어야 할 단어　　147

우편・전화　　　　**152**

① 우편　　　　155
② 전보　　　　156
③ 전화　　　　157
④ 꼭 알아두어야 할 단어　　158

여행 중 병을 앓을 때　　　　**161**

① 병이 들었을 때　　　　164
② 꼭 알아두어야 할 단어　　167

기본 의사 표시

기본 의사

예.
　はい.
　하 이

아니오.
　いいえ.
　이 이 에

좋아요.
　よろしい.
　요 로 시 이

되겠습니까?
　これでいいですか?
　고 레 데 이 이 데 스 까

부디·자·어서.
　どうぞ.
　도 오 조

대단히 감사합니다.
どうもありがとう.
도오모 아리가 또오

천만에요.
どういたしまして.
도오이 다시 마시 떼

미안합니다.
すみません.
스미 마셍

아니, 좋습니다.
'いや, いいんですよ.
이야 이인 데스 요

조금
少し
스꼬시

많이(수·양)
たくさん
다꾸산

~을 주십시오.
~を下さい
~오 구다사이

이것은 내 것입니다.

これは私のです。
고레와 와다구시노데스

내 것이 아닙니다.

私のではありません
와다구시노데와 아리마셍

아니, 필요 없습니다.

いや，いりません
이야, 이리마셍

나는 한국 사람입니다.

私は韓國人です。
와다구시와 강꼬꾸진데스

내 이름은 ~입니다.

私の名前は～です。
와다구시노 나마에와 ～데스

모릅니다.

わかりません．
와까리마셍

한국말을 하는 분이 있습니까?

韓國語を話せる方がおりますか．
강꼬꾸고오 하나세루가따가 오리마스까?

11

2 기본 인사

안녕(아침)
お早よう
요하요오

안녕하십니까? (오후)
今日は?
곤니찌 와

안녕하십니까? (저녁)
今晩は?
곰방 와

안녕히 주무세요.
おやすみなさい.
오야스미니사이

어떠십니까?
ごきげんはいかがですか?
고끼겡와 이까가데스까

처음 뵙습니다.
はじめまして.
하지메마시떼

안녕히!

ごきげんよう！
고 키 겐 요 우

그럼 또 다음에.

ではまた．
데 와 마 따

안녕히 가십시오.

さようなら
사 요 오 나 라

좋은 날씨네요.

いいお天氣ですね．
이이 오뎅끼데스네

덥(춥)군요.

暑い(寒い)ですね．
아쯔이(사무이)데스네

3 기본 질문

그것은 어디 있습니까?

それはどこにありますか?
소 레 와 도 꼬 니 아 리 마 스 까?

그것은 무엇입니까?

それは何ですか?
소 레 와 난 데 스 까?

언제입니까?

いつですか?
이 쯔 데 스 까?

왜요?

何故ですか?
나 제 데 스 까?

누구입니까?

誰ですか?
다 레 데 스 까?

누구의 것입니까?

誰のものですか?
다 레 노 모 노 데 스 까?

어떻게 해서?

どういうふうにして?
도오유우 후우니 시떼?

얼마나 멉니까?

どのくらい遠いですか?
도노구라이 도오이데스까

얼마나 걸립니까?

どのくらいかかりますか?
도노구라이 가까리마스까

얼마죠?

いくらですか?
이꾸라데스까

몇 개입니까?

いくつですか?
이꾸쯔 데스까

어느 쪽입니까?

どさらですか?
도찌라데스까

~씨

~さん
상

실례합니다. 여보세요

失禮します. もしもし
시쯔레이시마스, 모시모시

지금 몇 시입니까?

今何時ですか?
이마 난지데스까

다시 한번 말씀해 주세요.

もう 一度言って下さい.
모오 이찌도 잇떼 구다사이

더 천천히 이야기해 주세요.

もっとゆっくり話して下さい.
못또 육꾸리 하나시데 구다사이

당신 이름은?

あなたのお名前は?
아나따노 오나마에와

~을 알고 있습니까?

~を知っていますか?
~오 싯떼 이마스까

잠깐 기다려 주세요

ちょっとお待ち下さい.
좃또 오마찌 구다사이

만나서 기뻐요.

お會いできてうれしい.
오아이데끼데 우레시이

4 도난·분실

~을 잃었습니다.

~をなくしました.
~오 나꾸시마시다

~을 도난맞았습니다.

~をとられました.
~오 도라레마시다

실물 신고계는 어디입니까?

遺失物係はどこですか?
이시쯔부쯔가까리와 도꼬데스까

5 기수 · 서수

일(제일)	1（第1） 이찌（다이이찌）
이(제이)	2（第2） 니（다이니）
삼(제삼)	3（第3） 산（다이산）
사(제사)	4（第4） 시 （다이시）
오(제오)	5（第5） 고（다이고）
육(제육)	6（第6） 로꾸（다이로꾸）
칠(제칠)	7（第7） 시찌（다이시찌）
팔(제팔)	8（第8） 하찌（다이하찌）
구(제구)	9（第9） 쿠（다이쿠）

십(제십)	10（第10） 쥬우(다이쥬우)
십일(제십일)	11（第11） 쥬우이찌(다이쥬우이찌)
십이(제십이)	12（第12） 쥬우니(다이쥬우니)
십삼(제십삼)	13（第13） 쥬우산(다이쥬우산)
십사(제십사)	14（第14） 쥬우시(다이쥬우시)
십오(제십오)	15（第15） 쥬우고(다이쥬우고)
십륙(제십륙)	16（第16） 쥬우로꾸(다이쥬우로꾸)
십칠(제십칠)	17（第17） 쥬우시찌(다이쥬우시찌)
십팔(제십팔)	18（第18） 쥬우하찌(다이쥬우하찌)
십구(제십구)	19（第19） 쥬우쿠(다이쥬우쿠)

이십(제이십)	20 （第20）
	니쥬우（다이니쥬우）
이십일(제이십일)	21 （第21）
	니쥬우이찌（다이니쥬우이찌）
삼십(제삼십)	30 （第30）
	산쥬우（다이산쥬우）
삼십일(제삼십일)	31 （第31）
	산쥬우이찌（다이산쥬우이찌）
사십(제사십)	40 （第40）
	욘쥬우（다이욘쥬우）
오십(제오십)	50 （第50）
	교쥬우（다이고쥬우）
육십(제육십)	60 （第60）
	로꾸쥬우（다이로꾸쥬우）
칠십(제칠십)	70 （第70）
	시찌쥬우（다이시찌쥬우）
팔십(제팔십)	80 （第80）
	하찌쥬우（다이하찌쥬우）
구십(제구십)	90 （第90）
	규우쥬우（다이규우쥬우）

백(제백)	100 (第100)	
	햐꾸 (다이햐꾸)	
천(제천)	1000 (第1000)	
	센 (다이센)	

6 시각·일·주

한 시간	1時間
	이찌 지깐
반 시간	半時間
	한 지깐
세 시간	3時間
	산 지깐
오분	5分
	고훈
오초	5秒
	고뵤오
오전	午前
	고젠
오후	午後
	고고

밤	晩 반
오늘밤	今晩 곰반
오늘	今日 쿄오
어제	昨日 키노오
내일	明日 아스
모레	明後日 묘오고니찌
금주(금월. 금년)	今週(今月・今年) 곤슈우(공게쯔・고도시)
전주(전월・작년)	先週(今月・今年) 센슈우(셍게쯔・사꾸넨)
내주(내월・내년)	來週(來月・來年) 라이슈우(라이게쯔・라이넨)
일요일	日曜 니찌요오

월요일	月曜	게쯔요오
화요일	火曜	카요오
수요일	水曜	스이요오
목요일	木曜	모꾸요오
금요일	金曜	깅요오
토요일	土曜	도요오

7 월력 · 계절

일월	1月	이찌가쯔
이월	2月	니가쯔
삼월	3月	상가쯔

사월	4月	시가쯔
오월	5月	고가쯔
유월	6月	로꾸가쯔
칠월	7月	시찌가쯔
팔월	8月	하찌가쯔
구월	9月	쿠가쯔
시월	10月	쥬우가쯔
십일월	11月	쥬우이찌가쯔
십이월	12月	쥬우니가쯔
봄	春	하루

여름	夏	나쯔
가을	秋	아끼
겨울	冬	후유

8 대명사

나	私	다시 · 와다구시
우리(들)	私たち	와다시다찌
당신(들)	あなた(あなたがた)	아나따(아나따가따)
그 사람	彼	가레
그녀	彼女	가노죠

그들	彼等	가레라
이것	これ	고레
저것	あれ	아레
그것	それ	소레

9 색

검정	黑	구로
하양	白	시로
빨강	赤	아까
파랑	青	아오

노랑	黃色	기이로
갈색	茶色	챠이로
회색(쥐색)	灰色(ねずみ色)	하이이로(네즈미이로)
녹색	綠	미도리
주황	橙	다이다이
분홍	ピンク	삥꾸
보라	紫	무라사끼
먹물	セピア	세삐아

10 국가 · 국민 · 언어

한국	韓國
	캉꼬꾸
한국인	韓國人
	캉꼬꾸진
한국어	韓國語
	캉꼬꾸고
일본	日本
	니홍
일본인	日本人
	니혼진
일본어	日本語
	니홍고
미국	米國
	베이꼬꾸
미국인	米國人
	베이꼬꾸진
영어	英語
	에이고

중국	中國	쮸우고꾸
중국인	中國人	쮸우고꾸진
중국어	中國語	쮸우고꾸고
프랑스	フランス	후란스
프랑스인	フランス人	후란스진
프랑스어	フランス語	후란스고
스페인	スペイン	수뻬인
스페인인	スペイン人	수뻬인진
스페인어	スペイン語	스뻬잉고
포르투갈	ポルトガル	뽀루또가루
포르투갈인	ポルトガル人	뽀루또가루진

포르투갈어	ポルトガル語	뽀루또가루고
태국	タイ	타이
태국인	タイ人	타이진
태국어	タイ語	타이고

가족

남자	男	오도꼬
여자	女	온나
소년	少年	쇼오넨
소녀	少女	쇼오죠
아기	赤ん坊	아깐보오

어린이	子供	고도모
아버지	父	찌찌
어머니	母	하하
남편	夫	옷또
아내	妻	쯔마
형제	兄弟	쿄오다이
자매	姉妹	시마이
친구	友人	유우진

12 직업

실업가	實業家	지쯔교오까
은행원	銀行員	깅꼬오까
기사	技師	기시
주부	主婦	슈후
학생	學生	가꾸세이
법률가(변호사)	法律家(辯護士)	호오리쯔까(벵고시)
상인	商人	쇼오닌
교사	教師	쿄오시
공무원	公務員	고오무인

신문 잡지 기자	新聞雜誌記者	심분 잣시 기샤
사진사	寫眞家	샤싱까
남우(여우)	男優(女優)	단유우(죠유우)
소설가	小說家	쇼오세쯔까
화가	畵家	가까
음악가	音樂家	옹가꾸까
무용가	舞踊家	부요오까
비서	秘書	히쇼

공항에서
AT THE AIRPORT

하네다 공항

※ 공항에는 출발 예정 시각 1시간 30분 전에는 가 있어야 한다. 출발 예정 시각은 당일의 운항(運航) 상황에 따라 다소 변경될 수 있기 때문에 우선 집을 떠나기전에 항공 회사에 문의하여 확인해 두는 것이 좋다.

※ 출발 당일은 기분이 들떠 무언가 잊지 않았나 하는 불안에 사로잡히기 마련이다. 사전에 휴대품의 체크 리스트를 만들어 두었다가 당일 확인해 보는 것이 좋다.
여권(旅券), 항공권(航空券), 주사(注射) 증명서, 외화(外貨)는 반드시 직접 몸에 지닐 것.

무료로 운반할 수 있는 수하물(手荷物)은 :

1等   30kg

이코노미級   20kg

비행기 안에 들여놓는 쇼울더백 따위도 위의 제한량에 포함된다. 단 다음 물품은 계량하지 않고 비행기 내에 들여놓을 수 있다.

부인용 핸드백 또는 엷은 서류봉투(철) 1개, 오버류(類) 한 벌, 무릎덮개1장, 양산 또는 지팡이 1개, 소형 카메라(35mm, 6×6판 등의 일반 카메라) 또는 쌍안경 1개, 비행 중 읽을 거리 약간, 유아용 음식물 및 보육용(保育用) 바스켓.

※ 카운터에서 화물의 계량이 끝나면 수하물 인환증(手荷物引換證) : Claim Tag)을 교부받는다. 이때 화물의 개수(個數)를 반드시 확인할 일.

※ 좌석(座席) 번호를 기입한 탑승 카드(Boarding Card)를 받으면 탑승 수속(Check in)은 끝난다. 다음은 출국 수속의 아나운스(출발 40~50分 전)가 있을 때까지 대합실에서 기다리면 된다.

※ 수속은 세관, 출국 처리, 검역의 순으로 행해진다. 외국 제품(카메라, 시계, 만년필 등)을 휴대하는 사람은 세관 카운터에서 「휴대 출국 증명서」에 (記入)하여 세관의 증명 도장을 받아 둘 것.

※ 출국 관리의 수속은 여권과 출국 카드(여행 대리점이 마련해 줌)를 보인 후 출국 허가의 스탬프를 받을 뿐이다. 그리고 검역 수속은 주사 증명서를 제시함으로써 끝나며, 이상으로 공항의 수속은 다 끝나는 셈이다.

※ 우리 나라 화폐는 미화(美貨) 5,000달러 해당액까지 휴대할 수 있다. 세관에서 신고한 여권에 기입한 후 증인(證印)을 받을 것. 휴대한 한화(韓貨)는 외국에서 바꾸어 쓸 수 있다.

출발에서 도착까지

1 출발하기 전

KAL 707편의 체크인은 언제입니까?

KALの 707便のチェック・インは何時ですか?
케이 에이 에루노 나나햐꾸나나빈노 체꾸잉와 난지데스까?

대한 항공의 카운터에 이 짐을 갖다 주세요.

大韓航空のカウンターへこの 荷物んで下さい.
다이깡고우꾸우노 까운따아에고노니모쯔오하꼰데구다사이

서울행 KAL의 707편의 접수처는 여기입니까?

ソウル行 KALの 707便の受付けはここですか?
소우루 유끼 케이 에이 에루노 나나하꾸나나빈노 우께쯔께와 고꼬데스까

(표를 보이면서) 나의 예약을 확인하고 싶습니다.

私の 豫約を 確認したい.
다구시노 요야꾸오 가꾸닌시따이

이 비행기는 예정대로 떠납니까?

この便は 定通り出ますか?
고노빙와 요떼이 도오리 데마스까

얼마나 늦습니까?

どのくう遅いれますか?
도노구라이 오꾸레마스까?

다른 항공 회사의 비행기편을 알아봐 주십시오.

他の航空會社の便を調べて下さい.
호까노 고우꾸우 가이샤노 빙오 시라베떼 구다사이

이 예약을 취소하고 ○○항공 회사의 (707)편으로

この豫約を取り消して(○○)航空會社の(707)
고노요야꾸오 도리게시데 고오꾸우가이샤노

변경해 주십시오.

便に變更して下さい.
(나나햐꾸나나)빈니헹꼬 오시데 구다사이

서울 도착은 몇 시입니까?

ソウル着は 何時ですか?
소우루짜꾸와 난지데스까

게이트 번호를 가르쳐 주십시오.

ゲ-ト番號を教えて下さい.
게에또 방고오오 오시에데 구다사이

(6)번 게이트는 어디입니까?

(6)番ゲ-トはどこですか?
(로꾸)방 게에또와 도꼬데스까

37

2 중간 귀착점

~에 들르겠습니까?

~に立寄りますか?
~니 다찌요리마스까

서울행으로 갈아타는 곳은 어디입니까?

ソウルへの乗り繼ぎはど こですか?
소오루에노 노리쯔기와 도꼬데스까

~으로 가는 연락편은 몇 시 발입니까?

~への連絡便は何時發ですか?
~에노 렌라꾸빙와 난지 하쯔데스까

서울로 가는 다음편은 몇 시 발입니까?

ソウルへの次の便は何時發ですか?
소우루에노 쓰기노 빙와 난지하쯔데스까

3 하물(荷物)

짐은 모두 (3)개입니다.

荷物は全部で(3)個です.
니모쯔와 젬부데 (상)꼬데스

초과 요금은 모두 얼마입니까?

超過料金はいくらですか?
초오까 료오낑와 이꾸라데스까

별송 수하물로 해 주십시오.

別送手荷物にして下さい.
벳소오 데니모쯔니 시데구다사이

(605)편에 실어 주십시오.

(605)便に載せて下さい.
(롭빠꾸고)빈니 노세데 구다사이

4 꼭 알아두어야 할 단어

| 비행장 | 飛行場 |
| | 히꼬오죠오 |

| 탑승(도착) 공항 | 搭乘(到着)空港 |
| | 도오죠오(도오쨔꾸) 구우꼬오 |

| 비행기 | 飛行機 |
| | 히꼬오끼 |

| 항공회사 | 航空會社 |
| | 고오꾸우 가이샤 |

| 시내 종점 | 市內ターシナル |
| | 시나이 따아미나루 |

| 국제선 | 國際線 |
| | 고꾸사이센 |

| 국내선 | 國內線 |
| | 고꾸나이센 |

| 대합실 | 待合室 |
| | 마찌아이시쯔 |

| 제트기 | ジェット機 |
| | 젯또끼 |

프로펠러기	プロペラ機	
	쁘로뻬라끼	
정기(임시)편	定期(臨時)便	
	데이끼(린지)빈	
안내소	案內所	
	안나이죠	
시간표	時間表	
	지꼬꾸효오	
비행 번호	飛行番號	
	히꼬오 방고오	
좌석 번호	座席番號	
	자세끼 방고오	
항공권	航空券	
	고오꾸우껜	
운임	運賃	
	운찐	
일등석	ファースト・クラス	
	화아스또 쿠라스	
이코노미 클라스	エコノミー・クラス	
	에꼬노미이 쿠라스	

여행 상해 보험	旅行傷害保險 료꼬오 쇼오가이 호껭
수하물	手荷物 데니모쯔
일상 소지품	身のまわり品 미노마와리힌
무료 수하물 허용량	無料手荷物許容量 무료오 데니모쯔 교요오료오
㉔ 가방	スーツケース 수우쯔케에스
㉕ 수하물 인환증	手荷物引換證 데니모쯔 히끼까에 쇼오
㉖ 탑승권	搭乘券 도오죠오껜
㉗ 공항세	空港稅 구우꼬오제이
면세점	免稅點 멘제이뗀
토산품 구입 면세표	土產品購入免稅票 미야게힌 고오뉴우 멘제이효오
화장실	手洗所 데아라이죠

비행기 내에서
IN THE PLANE

리쿠기 원(六義園)

※ 퍼스트 클래스는 앞 트랩으로부터, 이코노미 클래스는 뒤쪽 트랩에서 탄다.

※ 비행장에서 체크 인할 때 주는 좌석 번호가 기입된 탑승 카드(Boarding Card)를 스튜어디스에게 제시하면 지정석으로 안내해 준다. 지정석이 없는 경우(아메리카 국내선에 많음)에는 선착순으로 각자 원하는 좌석에 앉을 수 있지만, 이 경우에도 좌석 위에 'OCCUPIED'니 'RESERVED'라는 표시가 붙어 있을 때는 예약되어 있는 것이므로 사양해야 한다.

※ 코트 등은 스튜어디스에게 맡기면 따로 보관하여 준다. 머리 위 선반에 베개·모포 등이 비치되어 있다. 이 선반 위에는 동요시에 떨어질 염려가 있는 물건은 얹어두지 않는 게 좋다.

※ 만년필이나 향수 등은 기내(機內)의 기압 관계로 샐 우려가 있으니 비닐봉지 등에 넣어두는 것이 무난하다.

※ 화장실은 보통 이코노미 클래스는 뒤쪽에, 퍼스트클래스는 앞쪽에 있다. 사용 중은 'OCCUPIED', 비었을 때는 'VACANT'로 표시된다. 도착 전은 으레 붐비기 마련이므로 미리 다녀오는 것이 좋다.

※ 이착륙(離着陸) 전후 및 기상(氣象) 관계로 동요가 심할 때는 'FASTEN SEAT BELT(벨트 착용)라고 나타난다. 이 표지가 지워질 때까지 자리를 떠나서는 안 된다.

※ 팔걸이 밑에 있는 단추를 누르면 좌석이 뒤로 기울어져 몸을 편히 할 수 있다. 그러나 식사 때나 이착륙시에는 삼가야 한다.

※ 멀미를 할 때는 스튜어디스에게 알려 약을 얻을 수 있다. 몹시 심할 때는 앞좌석 등뒤에 달린 주머니 속에 들어 있는 하도롱지(紙)를 사용한다.

※ 기내에서 팔고 있는 술·담배·향수등은 무세(無稅)이며, 어느 나라 화폐로도 살 수 있다. 적재량에 제한이 있으므로 필요한 만큼 일찍 사 두는 것이 좋다.

※ 퍼스트 클래스는 기내에서 무료로 주류(酒類)를 제공한다. 이코노미 클래스도 유료이기는 하지만 각별히 싸다. 알코올 외의 음료는 모두 무료로 제공한다. 공중에서는 주기(酒氣)가 빨리 돌므로 주량을 절제해야 한다

무엇을 부탁할 때

내 자리로 안내해 주십시오.

私の座席に案内して下さい.
와다구시노 자세끼니 안나이시데 구다사이

자리를 바꾸어도 좋습니까?

座席をかえてもいいですか?
자세끼오 가에떼모 이이데스까

물(오렌지 쥬우스)을 주십시오.

水(オレンジ・ジュース)を下さい.
미즈(오렌지 쥬우스)오 구다사이

한 컵만 더 주십시오.

もう一杯下さい.
모오입빠이 구다사이

기분이 나쁜데 무슨 약을 좀 주십시오.

氣分が惡いんてすが, 何か藥を下さい.
기붕가 와루인데스가, 나니까 구스리오 구다사이

(서울)에서는 지금 몇 시 입니까?

(ソウル)では今何時ですか?
(소우루)데와 이마 난지데스까

면세 위스키(담배)를 주십시오.

免税のウイスキ-(紙卷き煙草)を下さい.
멘제이노 위스끼이(가미마끼다바꼬)오 구다사이

한국어(영어) 신문은 있읍니까?

韓國語(英語)の新聞ありますか?
강꼬꾸고(에이고)노 심붕와 아리마스까

잡지를 빌려 주십시오.

雜誌を貸して下さい.
잣시오 가시데 구다사이

기장의 사인을 받아 주십시오.

機長のサインをもらって下さい.
기쪼오노 사잉오 모랏떼 구다사이

② 무엇을 물을 때

속도는 어느 정도입니까?

速度はどのくらいですか?
소꾸도와 도노 구라이데스까

지금 날고 있는 곳은 어디입니까?

今どこを飛んでいますか?
이마 도꼬오 돈데 이마스까

이 다음은 어디서 섭니까?

この次はどこに止りますか?
고노 쓰기와 도꼬니 도마리마스까

얼마 동안 섭니까?

どのくらい止まっていますか?
도노 쿠라이 도맛떼 이마스까

이 서류의 쓰는 법을 가르쳐 주십시오.

(入國書類見せて)この書類の書き方を教えて下さい.
고노 쇼루이노 가끼까다오 오시에데 구다사이

기내에 짐을 둔 채 나가도 좋습니까?

機內に手荷物を置いたまま出てもいいですか?
기나이니 데니모쯔오 오이따마마 데떼모 이이데스까

출발할 때는 알려 주십시오.

出發の時は教えて下さい.
슛빠쯔노 도끼와 오시에데 구다사이

3 꼭 알아두어야 할 단어

| 타랍 | タラップ |
| | 따랍뿌 |

| 활주로 | 走路 |
| | 갓소오로 |

| 기장 | 機長 |
| | 기쪼오 |

| 스튜어드 | スチュワード |
| | 스쮸와아도 |

| 스튜어디스 | スチュワーデス |
| | 스쮸와아데스 |

| 사무장 | 事務長 |
| | 지무쪼오 |

| 엔진 | エンジン |
| | 엔진 |

| 날개 | 翼 |
| | 쓰바사 |

| 금연 | 禁煙 |
| | 깅엔 |

벨트 착용	ベルト着用 베루또 쨔꾸요오
창문 쪽(통로 쪽) 좌석	窓側(通路側)座席 마도가와 (쓰어로가와) 자세끼
부인용	婦人用 후징요오
신사용	男子用 단시요오
사용중	使用中 시요오쮸우
비어 있음	空き 아끼
이륙	離陸 리리꾸
착륙	着陸 쨔꾸리꾸
탑승	搭乘 도오죠오
내림	來臨 고오끼
시속	時速 지소꾸

고도	高度 고오도
날짜 변경선	日付變更線 히즈께 헹꼬오센
시차	時差 지사
비상구	非常口 히죠오구찌
구명옷	救命胴衣 규우메이 도오이
산소 마스크	酸素マスク 산소 마스꾸
담요	毛布 모오후
베개	枕 마꾸라
구토 주머니	嘔吐袋 오오또 부꾸로
담배	葉卷き煙草 하마끼 다바꼬

엽초 담배	きざみ煙草
	기자미 다바꼬
통과 패스	通過パス
	쓰우카 빠스

입국 심사 · 세관 절차
AT THE CUSTOMSHOUSE & THE IMMIGRATION OFFICE

우에노 공원 정경

※ 도착 전에 입국에 필요한 서류를 기내(機內)에서 배부한다. 기입 요령을 모를 때는 스튜어디스에게 물어야 한다.

※ 최초에 밟아야 하는 것은 검역(檢疫:Quarantine)이나, 이것은 예방 접종 증명서를 검역관에게 제시함으로써 끝난다. 보통 종두(種痘) 접종 증명서만을 요구하는 나라가 많지만, 목적지 · 여행 경로에 따라서는 콜레

라·발진티푸스 등의 예방 주사가 필요하므로 출발 전에 확인하여야 한다.

※ 입국 관리(入國管理·Immigration Control 또는 Passport Control)는 여권·사증 등의 유무효(有無效)의 사실을 검사한다. 여기에서는 입국 목적·체재 일수 등을 묻는 수가 있고 외환 관리를 하고 있는 나라에서는 소지금(所持金)의 신고를 요구하는 곳도 있으니(한국·대만·태국 등) 있는 그대로 정직하게 신고하여 출국시에 문제가 없도록 한다. 수속이 끝나면 여권에 입국 허가의 도장을 찍어 준다.

※ 세관(稅關:Customs)은 대체로 관광객에게는 관대하고 자국민(自國民)에게는 엄하게 대하는 것이 통례이다. 일반적으로 유럽 각국·미국 등지에 비해 아시아 일대는 검사가 엄중하지만 관광객의 경우, 트렁크를 열어보는 정도로 끝난다. 토산물도 그 수량이 많을 때는 상품으로 간주되기 쉬우므로 주의해야 한다. 여행중 사용하는 의류·세면 도구 등은 일괄하여 소지품(所持品·Per sonal Effects)으로서 신고하면 된다.
주류(酒類)는 나라마다 제한하고 있으며, 자기 나라 통화의 반입·반출도 제한하고 있는 나라가 있다.

※ 우리나라 및 대만에 입국할 때는 서적·출판물을 엄중히 단속한다. 특히 공산권의 기사 및 불온한 내용의 것은 반입을 엄중히 통제하고 있다.

※ 반입하면 과세(課稅)되는 물품이 있을 때는 세관 창고에 보관하여 두면 출국할 때 세금을 물지 않는다. 이것을 본드(Bond) 위탁이라 한다. 반드시 탁하증(託荷證)을 받아두었다가 출입할 때는 공항의 항공 회사 카운터에서 본드 짐이 있다는 사실을 신고해야 한다.

 출입국 수속

수하물은 어디서 찾습니까?

手荷物はどこで受け取りますか?
데니모쯔와 도꼬데 우께 도리마스까

내 짐이 하나 모자랍니다.

私の荷物が一つ足りない.
와다구시노 니모쯔가 히도쯔 다리나이

수하물 인환증은 이것입니다.

手荷物引換證はこれです.
데니모쯔 히끼까에쇼오와 고레데스

나는 관광객입니다.

私は觀光客です.
와다구시와 강꼬오꺄꾸데스

(일주일간) 머뭅니다.

(一週間) 滯在します.
(잇슈우깐) 디이자이시마스

나는 (서울)로 가는 통과객입니다.

私は(ソウル)へ行く通過客です.
와다구시와 (소우루)에 유꾸 쯔우까꺄꾸데스

2 통관

신고할 것은 없습니다.

申告する物はありません.
싱꼬꾸스루 모노와 아리마셍

전부 일상 소지품입니다.

全部身のまわり品です.
젬부 미노마와리힌데스

이것은 친구에게 줄 선물입니다.

これは友人の土産品です.
고레와 유우징에노 미야기 힌데스

한국에서는 (이천)원쯤 합니다.

韓國では（2千）ウォンくらいします.
강꼬꾸데와 （니센） 우온 구라이시마스

이것은 한국에 가지고 갈 선물입니다.

これは韓國に持ち歸る土産品です.
고래와 강꼬구니 모찌가에루 미야게힌데스

귀금속품은 없습니다.

貴金屬類はありません.
기낀조꾸루이와 아리마셍

위스키를 (두)병 가지고 있습니다.

ウイスキ-を(2)本持っています.
위스끼이오(니)혼 못떼 이마스

미국돈 (300불)과 한국 돈(2만 원)을 가지고 있습니다.

米ドル(3百)ドルと韓國ウォンで (2万ウォン)持っています.
베이도루(삼뱌꾸)도루또 강꼬꾸우온데(니망우온) 못떼 이마스

이 짐은 보세로 취급해 주십시오.

この荷物はボンド扱いにして下さい.
고노 니모쯔와 본도 아즈까이니 시데 구다사이

그 영수증을 주십시오.

その預り證を下さい.
소노 아즈까리쇼오오 구다사이

이 카메라는 내가 사용하고 있는 것입니다.

このカメラは私が使っているものです.
고노 카메라와 와다구시가 쯔깟데 이루 모노데스

3 꼭 알아야 할 단어

입국	入國 뉴우꼬꾸
출국	出國 슉꼬꾸
상륙	上陸 죠오리꾸
입국 신고서	入國申告書 뉴우꼬꾸 심꼬꾸쇼
출국 신고서	出國申告書 슉꼬꾸 싱꼬꾸쇼
여권	旅券 료껜
사증	査證 사쇼오
여권 심사	旅券審査 료껜 신사
성	姓 세이

이름	名前	나마에
국적	國籍	고꾸세끼
생년월일	生年月日	세이넹갑삐
성별	性別	세이베쯔
남자	男	오도꼬
여자	女	온나
연령	年令	넨레이
직업	職業	쇼꾸교오
주소	住所	쮸우쇼
본적	本籍	혼세끼
기혼	旣婚	기꼰

독신	獨身 오꾸신
여권 번호	旅券番號 료껜 방고오
사증 번호	査證番號 사쇼오 방고오
발급 기관	發給機關 학뀨우 기깐
연락처	連絡先 렌라꾸사끼
출발지	出發地 슈빠쯔찌
여행 목적	旅行目的 료꼬오 모꾸떼끼
예정 체재 기간	預定滯在期間 요떼어 다이자이 기깐
목적지	目的地 모꾸떼끼찌
상용객	商用客 쇼오요오꺄꾸

한국 대사관	韓國大使館 강꼬꾸 다이시깐
공사관	公使館 고오시깐
영사관	領事館 료오지깐
검역	檢疫 겡에끼
예방 접종 증명서	預防接種證明書 요보오 셋슈 쇼오메이쇼
콜레라	コレラ 고레라
황열병	黃熱病 오오네쓰뵤오
티푸스	チフス 치후스
천연두	天然痘 덴넨또오
식물 검사	植物檢査 쇼꾸부쓰 겐사

세관	稅關 제이깐
관세	關稅 간제이
세관 신고서	稅關申告書 제이깐 싱꼬꾸쇼
통화 신고	通貨申告 쓰우까 싱꼬꾸
현금	現金 겡낀
면세품	免稅品 멘제이힌
8밀리 촬영기	8ミリ 撮影機 하찌미리 사쯔에이끼
필름	フイルム 후이루무
술	酒 사께
향수	香水 고오스이

보석	寶石
	호오세끼
트랜지스터 라디오	トランジスタ・ラジオ
	토란지스따 라지오
테이프 레코더	テープレコーダー
	테에뿌 레꼬오다아
팔목시계	腕時計
	우데도께이
반입 금지품	持ちみ禁止品
	모찌꼬미 긴시힌

여객선
ON SHIPBOARD

신주쿠 니시구치(西口) 부근

※ 선박의 예약은 미리 해둘 것. 특히 여름철에는 예약이 힘들므로 이 점을 특히 유의해야 한다. 화물선 이용은 가족적이어서 즐겁기는 하나 실제 문제로서 예약이 어려울 뿐만 아니라, 스케줄이 이따금 변경되는 수가 있다. 이 점도 유의해야 한다.

※ 짐은 선실(船室)에 들여놓을 수 있는 선실 수하물(Cabin Baggage)과 선창(船艙)에 들여놓는 선창 수하물(Hold baggage)로 나뉘어진다. 선창수하물은 목적지에 당도할 때까지 끌어낼 수 없으며, 출항 전날까지 통관을 마치고 적재를 끝내야 한다. 항구마다 통관 대리점이 있어 이 사무를 담당하고 있다.

※ 출항 예정의 바로 전날 출범 시각을 확인해 두는 것이 좋다. 승선시간은 대개 출항하기 전 2~3 시간이 적당하다.

※ 선실 이외의 선상의 시설인 식당·바·도서실을 공실(公室:Public Room)이라고 한다. 이 공실을 적절히 이용하는 것이 선박 여행의 요령이다.

※ 선내(船內)에서 판매되는 주류는 그 나라의 주세가 면제되어 있으므로 특별히 싸다. 끽연실·휴게실 등에서는 마작·트럼프 등의 놀이가 벌어지므로 심심찮게 지낼수 있고, 밤에는 영화 상영, 댄스 파티 등이 열려 즐겁게 시간을 보낼 수가 있다.

※ 승선 후 처음 식사 때 지정된, 식사 시간과 장소는 원칙적으로 하선할 때까지 변경하지 않는다. 동석하고 싶은 사람이 있을 때는 미리 신고한다.

※ 갑판 위의 데크체어는 유료인데다, 예약을 필요로 할 경우도 있다. 갑판 위의 오락으로서는 APL(아메리카 선박 회사)의 경우, 데크테니스, 데크골프, 고리 던지기, 탁구, 풀에서의 수영 등 시설이 있다. 이것은 모두 데크스튜어드가 주선한다.

※ 대형 객선에는 선내 신문을 발행하여 행사·주의사항 등을 게재한다. 선내 게시 사항에 유의해야 한다.

※ 선내의 환전·우편·전보 등의 사무는 사무장실(Purser's, Room)에서 취급한다. 귀중품도 여기에 맡길 수 있다.

1 선박 여행

( )의 (부산)행 배는 몇 번 부두에서 출발합니까?

( )の(釜山)行きの船は何番埠頭から出ますか?
( )노 (부산)유끼노 후네와 남방 후또오까라 데마스까

승선 시간은 몇 시입니까?

乗船時間は何時ですか?
죠오센지깡와 난지데스까

언제 떠납니까?

いつ出帆しますか?
이쯔 슛빤시마스까?

정박중에 시내를 구경하고 싶습니다.

停泊中に町を見物したい.
데이하꾸쮸우니 마찌오 겜부쯔시따이

데크 체어의 예약을 하고 싶습니다.

デッキ・チェアの預約をしたい.
엑끼 체아노 요야꾸오시따이

한국인 손님은 승선하고 있습니까?

韓國人の客は乗船していますか?
강꼬꾸진노 갸꾸와 죠오센시데 이마스까

나의 식사 시간은 몇 시부터 입니까?

私の食事時間は何時からですか?
와다구시노 쇼꾸지 지깡와 난지까라데스까

2 꼭 알아두어야 할 단어

| 객선 | 客船 |
| | 갸꾸센 |

화객선 　　　　**貨客船**
　　　　　　　　　　가갸꾸센

항구 　　　　　　**港**
　　　　　　　　　　미나또

기항지 　　　　　**寄港地**
　　　　　　　　　　기꼬오찌

승선권 　　　　　**乘船券**
　　　　　　　　　　죠오센껜

기선 회사 　　　　**汽船會社**
　　　　　　　　　　기센 가이샤

선장 　　　　　　**船長**
　　　　　　　　　　센쪼오

사무장	事務長	지무쪼오
선원	船員	셍인
급사	給仕	큐우지
타랍	タラップ	타랍뿌
사무실	事務室	지무시쯔
선실	船室	센시쯔
스테이트룸	ステイト・ルーム	스떼이또 루우무
이코노미 클라스	エコノミー・クラス	에코노미이 쿠라스
캐빈 클라스	キヤビン・クラス	캬빈 쿠라스
침대	寢臺	신다이

욕실	浴室	요꾸시쯔
살롱	サロン	사론
라운지	ラウンジ	라운지
스모킹룸	喫煙室	기쯔엔시쯔
바	バー	바아
독서실	讀書室	도꾸쇼시쯔
의무실	醫務室	이무시쯔
트럼프	トランプ	토람뿌
갑판	甲板	간빤
구명옷	救命胴衣	규우메이 도오이

부대	浮袋	우끼부꾸로
구명 보트	救命ボート	규우메이 보오또
뱃멀미	船酔い	후나요이
선실 수하물	船室手荷物	센시쯔 데니모쯔
선창 하물	船倉荷物	센소오 니모쯔
앞으로 흔들림	縱搖れ	다떼유레
옆으로 흔들림	橫搖れ	요꼬유레
좌현	左舷	사 겐
우현	右舷	우 겐
선수	船首	센 슈

선미	船尾	
	센비	
상륙 수속	上陸手續	
	죠오리꾸 데쯔즈끼	
상륙 허가	ショア・パス	
	쇼아 파스	

환전·여행수표
EXCHANGE & TRAVELER'S CHECKS

야스쿠니 신사

※ 환전은 공항의 환전소나 은행, 호텔의 캐시어(Cashier)에서 취급한다. 거리에서 벌이고 있는 이른바 환전상이나 암달러 상인들을 절대 상대해서는 안 된다.

※ 환전은 단번에 너무 많은 액수를 취급하지 말고 다음 지역으로 옮겨갔을 때 현지 통화의 잔액이 남지 않도록 미리 계산하여 바꿔야 한다.

※ 동남아시아에서는 쓰고 남은 경화(硬貨)는 받지 않게 되어 있다. 남은 경화는 기내(機內)의 주류·담배 등을 사는 데 사용함이 현책이다.

※ 홍콩과 같이 세계 어느 나라의 통화도 자유로이 환전할 수 있는 곳도 있다. 여기서는 공정 환율로 바꾸는 것이 아니라, 그 나라 통화의 실세에 따라 임의 거래된다. 여행자는 여기서 행선지의 통화를 유리하게 바꿀 수가 있으나, 나라마다 자기 나라 통화의 반입·반출을 제한하고 있는 것이 상례이므로 이 제한에 유의하여 환전을 하지 않으면 안 된다.

※ 엄중한 외환 관리를 실시하고 있는 나라에서는 환전할 때마다 외화 교환 증명서에 기입하여 그 증명서를 제출하지 않으면, 쓰고 남은 현지 통화의 재교환도 할 수 없게 되어 있다.

※ 여행 수표는 구입한 즉시 반드시 수표 왼쪽 위에 서명해 둘 것. 분실·도난 등에 대비하여 권종(券種)·번호 등을 기입한 리스트를 작성하여 수표와는 별도로 보관하고, 사용한 번호는 그 때마다 지워 항상 잔액, 번호를 밝혀 놓아야 한다.

※ 만일 도난·분실의 사고를 당했을 때는, 아메리카 은행의 여행 수표의 경우에는 즉시 가까운 아메리카 은행지점에 신고하면 된다. 수표의 종류·번호를 알고 있을 때는 250~500달러까지의 금액은 즉시 지불해 준다. 고액의 경우는 본점에의 조회 관계로 시간을 요하며, 번호 불명시는 환불도 그만큼 늦어진다.

1 교환 여행사 수표

교환소는 어디입니까?

両替所はどこですか?
료오가에죠와 도꼬데스까

(아메리카 은행)은 몇 시까지 하고 있습니까?

(アメルカ銀行)は何時までやっていますか?
(아메리카 깅꼬오)와 난지마데 얏떼 이마스까

(20달러)바꾸어 주십시오.

(20ドル)両替して下さい.
(니쥬우도루)료오가에시데 구다사이

잔돈도 섞어 주십시오.

小錢も混ぜて下さい.
고제니모 마제떼 구다사이

다시 달러로 바꾸어 주십시오.

ドルに再交換して下さい.
도루니 사이고오깐 시데 구다사이

2 꼭 알아두어야 할 단어

돈　　　　　　　　　　　お金
　　　　　　　　　　　　오까네

공인 환전상　　　　　　公認兩替商
　　　　　　　　　　　　고오닌 료오가에쇼오

외화 교환 증명서　　　　外貨交換證明書
　　　　　　　　　　　　가이까 고오깐 쇼오메이쇼

서명　　　　　　　　　　署名
　　　　　　　　　　　　쇼메이

지폐　　　　　　　　　　紙幣
　　　　　　　　　　　　시헤이

공항에서 시내로
FORM THE ALRPORT TO THE CITY

도쿄 역전

※ 공항과 도심지의 교통은 각 항공회사의 전용 버스를 이용하는 것이 가장 편리하다. 그러나 이 버스는 도심지에 있는 항공회사 영업소나 시티 터미널(시내에 있는 각 항공회사의 공동 발착 대합소)까지 가야 하므로 거기서 목적지까지는 다시 택시나 버스를 바꿔 타야 한다. 호텔에 따라서는 공항까지 송영(送迎) 버스 서비스를 하고 있는 곳도 있다.

※ 도심지에서 공항까지의 소요 시간은 충분히 계산해야 하며 특히 비 오는 날이나 안개가 끼는 날은 예상 외의 시간이 걸릴 수도 있다.

※ 공항으로 떠나기 전에 공항의 명칭을 확인해야 한다. 같은 항공회사일지라도 행선지에 따라 사용하는 공항이 바뀔 때가 있기 때문이다.

※ 시티 터미널이 있는 도시에서는 이것을 적절히 이용할 것. 여기서 체크인(check in)을 끝내고 화물을 맡긴 뒤 항공회사 버스로 공항에 직행할 수 있다. 시티 터미널의 체크 인은 시간이 걸린다.

※ 택시로 공항에 달릴 경우, 곳에 따라서는 미터 표시의 배액(倍額)을 받는 곳도 있고, 미터에 관계 없이 균일 요금을 받는 곳도 있다. 그 밖에 화물에 대한 할증금(割增金), 또는 두 사람 이상 승차시에 할증금을 받는 곳도 있다.

공항에서 시내로 들어갈 때

관광 안내소는 어디입니까?
観光案内所はどこですか?
강꼬오 안나이죠와 도꼬데스까

어디 좋은 호텔을 소개해 주십시오.
どこか 良いホテルを紹介して下さい.
도꼬까 요이 호떼루오 쇼오까이시데 구다사이

시내(공항)로 가는 버스)(리무진)가 있습니까?
市内(空港)へ行く送迎バス(リムジーン)はありますか?
시나이(구우꼬오)에 유꾸 소오게이 바스(리무진)와 아리마스까

버스(리무진) 정류장은 어디입니까?
バス(リムジーン)の乗り場はどこですか?
바스(리무진)노 노리바와 도꼬데스까

이 리무진은~호텔에 갑니까?
このリムジーンは~ホテルへ行きますか?
고노 리무징와 ~호떼루에 유끼마스까

포터를 불러 주십시오.
ポーターを呼んで下さい.
포오따아오 욘데 구다사이

이 짐을 택시까지 갖다 주십시오.

この荷物をタクシーまで運んで下さい
고노 니모쯔오 다꾸시이마데 하꼰데 구다사이

~호텔로 가 주세요.

~ホテルへ行って下さい
~호테루에 잇떼 구다사이

(주소를 보이면서)여기로 가 주십시오

ここへ行って下さい.
고꼬에 잇떼 구다사이

더 천천히 해 주십시오.

もっとゆっくりやって下さい
못또 육꾸리 얏떼 구다사이

2 꼭 알아두어야 할 단어

운전사   運轉手
                  운뗀슈

팁   チップ
                  찝뿌

호텔에서
AT THE HOTEL

일본의 비즈니스 센터인 마루노우치 정경

※ 호텔 정하기

도심지 번화가에 가까운 비교적 값이 싼 여관에 숙소를 정하여 식당 또는 로비 등 호화스런 설비를 효과 있게 이용하는 것이 요령. 최성기(最盛期)에 있어서는 어느 곳이나 혼잡을 면할 수 없지만, 유명 관광지의 이름난 호텔은 오히려 금·토·일의 주말, 그밖의 호텔은 반대로 주일(週日)이 더욱 붐비는 경향이 있다.

※ 예약 신청

예약은 항상 일찍 해 두되, 특히 정월이나 여름철의 호텔 예약은 상당히 빨리 사전에 예약해 둘 필요가 있다.

보통 방의 종류로는 싱글룸, 트윈룸, 더블룸 등이 있다. 트윈룸은 한 쌍의 침대가 딸린 방, 더블룸은 더블베드가 딸린 방을 말한다.

※ 프런트(接受)

프런트 데스크에서 숙박 카드(Registration Card)에 정확히 기재를 마친 뒤 열쇠를 받는다. 요금·버스 등의 유무를 확인한 후 서슴지 말고 요구 사항을 말해야 한다.

호텔 요금에는 아메리카 플랜(세 때 식사가 딸림)과 유럽 플랜(방값뿐)의 두 종류가 있다.

그리고 프런트에서는 편지·전언(傳言) 등을 맡기도 하고, 외출시에는 열쇠를 맡아 주기도 하며, 극장 입장권, 시내 관광의 주선도 해 준다.

※ 체크아웃 타임

유숙하고 있는 방을 비워줘야 할 시간을 말한다. 보통 정오가 많다. 이 시간까지 방을 비워주지 않을 때는 추가 요금을 지불하는 수가 있다. 호텔에 들면 곧 확인하여 둘 것.

※ 호텔 이용상의 주의
　예정에 변경이 생겼을 때는 즉시 알릴 것.
　취침, 또는 외출시에는 반드시 자물쇠를 채울 것.
　방 밖으로 나갈 때는 반드시 열쇠를 가지고 나갈 것.
　골마루는 공로(公路)와 같으므로 잠옷 차림이나 속옷 차림, 또는 슬리퍼를 끌고 다니지 말 것.

1 프런트 데스크

오늘밤 예약한 (김)입니다.

今晩豫約した(金)です.
곰방 요야꾸시다 (김)데스

방값은 얼마입니까?

部屋代はいくらですか?
헤야 다이와 이꾸라데스까

선금은 필요합니까?

前金はいりますか?
마에낑와 이리마스까

더 싼 방은 없습니까?

もっと安い部屋はありませんか?
못또 야스이 헤야와 아리마셍까

조용한 방을 부탁합니다.

靜かな部屋を賴みます.
시즈까나 헤야오 다노미마스

더 위(아래)쪽 층의 방이 좋습니다.

もっと上(下)の階の部屋にしたい.
못또 우에(시다)노 가이노 헤야니 시따이

오늘밤 투숙할 수 있습니까?

（豫約なしで）今晩泊まれますか？
（요야꾸 나시데） 곰방 도마레마스까

목욕탕(샤워)이 있는 방에 들고 싶습니다.

風呂（シャワー）付きの部屋にしたい．
후로(샤와)쯔끼노 헤야니 시따이

더블 베드(의) 방에 들고 싶습니다.

ダブル・ベッドの部屋にしたい．
다부루 벳도노 헤야니시따이

체크 아웃 타임은 몇 시입니까?

チェックアウト・タイム（出立時間）は何時ですか？
체꾸 아우또 타이무와 난지데스까

요금에는 아침 식사도 포함돼 있습니까?

料金は朝食付きですか？
료오낑 와 초오쇼꾸쯔끼데스까

체재를 하루 연장하고 싶습니다.

滯在を一日延ばしたい．
다이자이오 이찌니찌 노바시따이

하루 미리 떠나고 싶습니다.

一日早く發ちたい．
이찌니찌 하야꾸 다찌따이

다녀오겠습니다. (한)시에 돌아올 예정입니다.

出かけてきます。(1)時に戻るつもりです。
데까께데 기마스. (이찌)지니 모도루 쯔모리데스

내일 아침 (8)시에 출발 합니다.

明朝 (8)時に發ちます。
묘오쪼오 (하찌)지니 다찌마스

이 짐을 ~시까지 맡아 주십시오.

この荷物を~時まで預て下さい。
고노 니모쯔오 ~지마데 아즈깟떼 구다사이

계산을 부탁합니다.

會計を願います。
가이께이오 네가이마스

2 방(Room)

방을 바꾸고 싶습니다.

部屋を變えたい。
헤야오 가에따이

보이를 불러 주십시오.

    ボーイを呼んで下さい
    보오이오 욘데 구다사이

들어오십시오.

    おはいりなさい
    오하이리나사이

저녁 식사는 언제 할 수 있습니까?

    夕食はいつとれますか?
    유우쇼꾸와 이쯔 도레미스까

비상구는 어디입니까?

    非常口はどこですか?
    하죠오구찌와 도꼬데스까

한국말을 하는 분은 계십니까?

    韓國語を語せる人はいますか?
    강꼬꾸고오 하나세루 히도와 이마스까

~을 갖다 주십시오.

    ~を持ってきて下さい
    ~오 못떼 기데 구다사이

전화 거는 방법을 가르쳐 주십시오.

    電話のかけ方を教えて下さい.
    뎅와노 가께까다오 오시에데 구다사이

비누(수건)가 없습니다.

石けん(タオル)がない.
섹껭(타오루)가 나이

방을 더 따뜻하게(시원하게) 해 주십시오.

部屋をもっと暖かく(涼しく)して下さい.
헤야오 못또 아다다까꾸(스즈시꾸)시데 구다사이

내일 아침 (여섯)시에 깨워 주십시오

明朝 (6)時に起こして下さい
묘오쪼오 (로꾸)지니 오꼬시데 구다사이

아침 식사를 방에 갖다 주십시오.

朝食を持までってきて下さい.
쵸오쇼꾸오 헤야마데 못떼 기데 구다사이

나는 (KTB) 여행단의 한 사람입니다.

私は(KTB)旅行團の一員です
와다시와 (KTB) 료꼬오단노 이찌인데스

자물쇠가 망가져 있습니다.

錠がこわれている.
죠오가 고와레데 이루

방에 열쇠를 두고 왔습니다.

部屋に鍵を置き忘れた.
헤야니 가기오 오끼와스레다

이 편지를 항공 (배)편으로 부쳐 주십시오.

この手紙な航空(船)便で出して下さい.
고노 데가미오 고오꾸오 (후나)빈데 다시데 구다사이

이것에 다리미질을 해 주십시오.

これにアイロンをかけて下さい.
고레니 아이롱오 가께데 구다사이

클리닝을 부탁합니다.

クリ-ニングを頼みます.
쿠리이닝구오 다노미마스

언제 다 됩니까?

いつ仕上かりますか?
이쯔 시아가리마스까

③ 꼭 알아두어야 할 단어

메이드	メード
	메에도

지배인	支配人
	시하이닌

89

로비	ロビー	
	로비	
숙박계	宿帳	
	야도쪼오	
객실 사무실계	客室事務係	
	갸꾸시쯔 지무가까리	
그릴	グリル	
	구리루	
스낵 바	スナック・バー	
	스낙쿠 바아	
커피 숍	コーヒー・ショップ	
	코오히 숍뿌	
아케이드	アーケード	
	아아께에도	
일 층	一階	
	익까이	
이 층	二階	
	니까이	
엘레베이터	エレベータ	
	에레베에따	
독방	一人部屋	
	히도리베야	
트윈 베드 방	ツイン・ベッド付きの部屋	
	쯔인 벳도 쯔기노 헤야	

어린이용 베드	子供用ベッド 고도모요오 벳도
구리파식	ユーロピアン・プラン 유우로삐안 뿌란
미국식	アメルカン・プラン 아메리깐 뿌란
콘티넨탈식	ユンチネンタル・プテン 끈찌넨따루 뿌란
체크인	チェックイン(到着) 짹꾸인
회계원	會計係 가이께이가까리
영수증	勘定書 간죠오가끼
치약	歯みがき 하미가끼
칫솔	歯ブラシ 하부라시

레스토랑
AT THE RESTAURANT

하늘에서 본 국회의사당 주변

※ 식사때의 예의
① 복장은 대개 남자는 넥타이를 매는 등의 정장(正裝) 차림이어야 한다. 여자도 이에 준한다.
② 식사 중에 소리를 내지 말 것.
③ 나이프·포크는 바깥쪽 것으로부터 사용하며, 빵은 손으로 찢어서 먹을 것.
④ 담배는 디저트가 시작될 때까지 삼갈 것.

※ 요리의 선택 방법
레스토랑 또는 호텔의 식사는 대체로 보아 정식(定食·table d'hote)과 일품 요리(a la Carte)의 두 가지로 크게 나눌 수 있다.
① 정식……… 전채로부터 시작하여 수프, 앙트레(육류·어류)를 거쳐, 디저트 커피에서 끝나는 일련의 코스가 단위로 되어 있다. 값은 전 코스에 대해 계산한다.
② 일품 요리 …한 종류마다 값이 정해 있으며, 자기 기호에 따라 한 가지씩 주문할 수 있다.

※ 메 뉴
알아보기 힘드는 것이 많으므로 그것을 연구하는 것도 중요하지만, 처음 밟는 지방에서는 주저 없이 식당 종업원이나 안내인에게 그 곳의 명물 요리와 일품 요리 등을 물어보는 것이 좋다.

※ 양식의 일반적 코스

① 아침 식사·········과실 또는 주스, 토스트와 롤빵(버터·잼이 발라진)·달걀·소시지·햄, 그리고 커피 또는 홍차가 곁들이는 것이 상례.

② 점심 식사·········접시 수가 적고, 샌드위치 디저트, 커피가 보통이나, 달걀·고리·야채·샐러드 등도 주문할 수 있다.

③ 저녁 식사·········더운 음식이 나온다. 스프나 오르되브르에서 시작하여 메인 코스(고기 또는 생선 요리에 샐러드)를 중심으로 디저트는 커피나 홍차.

1 레스토랑

이 근처의 좋은 식당을 가르쳐 주십시오.

この近くのよいレストランを教えて下さい.
고노 지까꾸노 요이 레스또랑오 오시에데 구다사이

이 집에서 잘하는 음식은 무엇입니까?

ここの自慢料理は何ですか?
고꼬노 지만 료오리와 난데스까?

저것과 같은 것을 주십시오.

あれと同じものを下さい.
아레또 오나지 모노오 구다사이

정식을 하겠습니다.

定食にします.
데이쇼꾸니 시마스

(일품 요리)메뉴를 보여 주십시오.

(一品料理)のメニューを見せて下さい.
(입뻰료오리)노 메뉴우오 미세데 구다사이

이 요리에 맞는 술을 주십시오.

この料理に合うワインを下さい.
고노 료오리니 아우 와잉오 구다사이

곧 됩니까?

　　すぐできますか?
　　　스구 데끼마스까

소금(후추)를 주십시오.

　　鹽(胡椒)を下さい.
　　　시오(고쇼오)오 구다사이

빵을 좀더 주십시오.

　　パンなもう少し下さい.
　　　빵오 모오스꼬시 구다사이

잘 (중간쯤, 살짝) 구워 주십시오.

　　よく(中ぐらいに, 生燒けに)燒いて下さい.
　　　요꾸(츄우구라 이니, 나마야께니) 야이떼 구다사이

이것은 내가 주문한 것이 아니오.

　　これは私が注文したものではない.
　　　고레와 와다시가 츄우몬시다모노데와나이

먹는 법을 가르쳐 주십시오.

　　食べ方を教えて下さい.
　　　다베까다오 오시에데 구다사이

디저트에 푸딩을 주십시오.

　　デザートにプリンを下さい.
　　　데자아또니 뿌딩구 구다사이

그만하겠습니다.

もうたくさんです.
모오 다꾸산데스

잘 먹었습니다.

ごちそうさま
고찌 소오사마

이 계산서에 서비스료가 포함되었습니까?

この勘定にサービス料は含まれていますか?
고노 간죠오니 사아비스료오와 후꾸마레떼 이마스까

위스키 워터를 주십시오.

水割りウイスキーを下さい.
미즈와리 위스키이오 구다사이

 꼭 알아두어야 할 단어

카페테리아	カフェテリア
	카훼 테리아
약국	ドラッグ・ストア
	도락구 스토아

서양 요리	西洋料理	세이요오 료오리
중화 요리	中華料理	츄우까 료오리
일본 요리	日本料理	닙뽄료오리
지방 요리	郷土料理	교오도 료오리
급사	給仕	규우지
아침	朝食	쵸오쇼꾸
점심	**昼食**	츄우쇼꾸
저녁	夕食	유우쇼꾸
수우프	スープ	스우뿌
콩 소메(맑은 수우프)	コンソメ	콘소메
포타아즈(진한 수우프)	ポタージュ	뽀따아쥬
밥	ご飯	고항

토스트	トースト	
	토오스토	
버터	バター	
	바따아	
치즈	チーズ	
	치이즈	
오르되브르	オードブル	
	오오도부루	
겨자	からし	
	가라시	
설탕	砂糖	
	사또오	
마요네즈	マヨネーズ	
	마요네에즈	
크림	クリーム	
	쿠리이무	
야채	野菜	
	야사이	
샐러드	サラダ	
	사라다	
삶은 (반숙·프라이)계란	ゆで(半熟·目玉燒き)卵	
	유데(한쥬꾸, 메다마야끼) 다마고	
닭고기	鷄肉	
	게이니꾸	

고기	肉	
	니꾸	
쇠고기	牛肉	
	규우니꾸	
돼지고기	豚肉	
	부따니꾸	
양고기	羊肉	
	히쯔지니꾸	
생선 프라이	魚のフライ	
	사까나노 후라이	
새우	えび	
	에비	
굴	牡蠣	
	가끼	
과일	果物	
	구다모노	
사과	りんご	
	링고	
포도	ぶどう	
	부도오	
귤	みかん(オレンジ)	
	미깡(오렌지)	
그레이프 프루츠	グレープフルーツ	
	구레에뿌후루우쯔	

복숭아	桃	모모
딸기	いちご	이찌고
멜론	メロン	메론
바나나	バナナ	바나나
토마토	トマト	토마토
일본 술	日本酒	니혼슈
포도주	ぶどう酒	부도오슈
맥주	ビール	비이루
브랜디	ブランデー	부란데에
샴페인	シヤンペン	샴펜
소다수	ソーダ水	소오다스이
커피(냉커피)	コーヒー(冷しコーヒー)	코오히(히야시 코오히)

코코아	ココア	코코아
초콜렛	チョコレート	쵸꼬레에또
홍(녹)차	紅(綠)茶	고오(료꾸)차
레몬수	レモネード	레모네에도
밀크 (더운 밀크)	ミルク(ホットミルク)	미루꾸 (홋또 미루꾸)
아이스크림	アイスクリーム	아이스쿠리이무
셔벗(과자류)	シャーベット	샤아벳또
케이크	ケーキ	케에끼
나이프	ナイフ	나이후
포크	フォーク	호오쿠
스푼	スプーン	스푸운
냅킨	ナプキン	나뿌낀

재떨이		灰皿
		하이자라
성냥		マッチ
		맛찌

교통·운수
TRANSPORTATION

신바시(新橋)에서 바라본 카스미가세키 빌딩

※ 택 시

여행자가 가장 많이 이용하나 단점은 불경제, 그리고 요금을 치를 때 팁을 주어야 하기 때문에 퍽 까다롭다. 교통이 비교적 불편한 곳에서는 택시 부르기도 용이한 일이 아니다. 일반적으로 동남 아시아의 여러 도시에서는 요금 미터제(制)가 아닌 곳이 많으므로, 미리 행선지를 알려 요금을 정한 뒤에 타야 한다.

※ 버 스

세계 각국 가는 곳마다 정기 버스 또는 관광 버스가 달리고 있다. 정기버스는 노선이 복잡하고 언어가 통하지 않는 경우가 많으므로 여행자로서는 이용하기 불편하다. 홍콩·마닐라에는 2층 버스가 달리고 있으며 영어가 통하므로 관광객에게 인기가 높다.

※ 인력거(人力車)·기타

동남아시아에서 널리 이용되고 있는 서민의 발이라고 할까, 요금이 비교적 싸고 행선지에 따라 요금 또는 시간 단위로 빌릴 수 있다. 단 여행자는 눈치를 보이면 요금을 더 부르기 마련이므로 호텔에 의뢰하여 값을 적당히 깎아야 한다.

※ 렌터카(Rent a Car=전세 자동차)

출발 전에 미리 국제운수면허증을 따 두는 것이 필요하다. 주요 도시에서는 공항·호텔 등에서 이용할 수 있다.

① 철도

~가는 기차는 어느 역에서 떠납니까?

~行きの汽車は何驛から出ますか?
~유끼노 기샤와 나니에끼까라 데마스까

~까지 이등표를 한 장 주시오.

~までの二等片道切簿を1枚下さい.
~마데노 니또오 가다미찌 킵뿌오 이찌마이 구다사이

이 열차의 좌석을 예약하고 싶소.

この列車の座席を豫約したい.
고노 렛샤노 자세끼오 요야꾸시따이

침대차가 붙어 있습니까?

寝臺車はついていますか?
신다이샤와 쯔이떼 이마스까

이 표를 취소할 수 있습니까?

この切符を取消せますか?
고노 킵뿌오 도리게세마스까

그것은 급행 열차입니까?

それは急行列車ですか?
소레와 큐우꼬오렛샤데스까

이 표를 일등으로 바꾸고 싶어요.

この切符を一等に變えたい.
고노 킵뿌오 잇또오니 가에따이

이 열차는 ~에 정거합니까?

この列車は~に 停まりますか?
고노 렛샤와 ~니 도마리마스까

이 열차는 ~까지 직행합니까?

この列車は~まで直行しますか?
고노 렛샤와 ~마데 죡꼬오시마스까

어디서 바꾸어 탑니까?

どこで乗り換えるのですか?
도꼬데 노리까에루노데스까

도중 하차가 됩니까?

途中下車ができますか?
도쮸우 게샤가 데끼마스까

~까지 얼마나 걸립니까?

~までどのくらいかかりますか?
~마데 도노구라이 가까리마스까

~에 연결되는 열차가 있습니까?

~への接續列車はありますか?
~에노 세쯔조꾸렛샤와 아리마스까

107

몇 번 선에서 떠납니까?

何番線から出ますか?
남반셍까라 데마스까

이 자리는 누가 있습니까?

この席はふさがっていまか?
고노 세끼와 후사갓떼 이마스까

식당차는 있습니까?

食堂車はついていますか?
쇼꾸도오샤와 쯔이떼 이마스까

일등차로 바꿀 수 있습니까?

一等車に變われますか?
잇또오샤니 가와레마스까?

지금 어디를 지나고 있습니까?

今どこを走っていますか?
이마 도꼬오 하싯떼 이마스까

담배를 피워도 좋습니까?

煙草をすってもいいですか?
다바꼬오 슷떼모 이이데스까

다음 정거장은 어디입니까?

次の停車驛はどこですか?
쯔기노 데이샤에끼와 도꼬데스까

얼마나 정거합니까?

　　どのくらい停車しますか?
　　도노구라이　데이샤시마스까

~에 도착하면 알려 주세요.

　　~に着いたら教えて下さい.
　　~니 쯔이따라 오시에데 구다사

표를 잃었습니다. 어떻게 하면 좋습니까?

　　切符をなくしました. どうすればよいでしょう?
　　깁뿌오　나꾸시마시다.　도오스레바　요이데쇼오

열차 안에 (가방)을 놓고 왔습니다.

　　列車の中に (鞄)を置き忘れました.
　　렛샤노　나까니 (가방)오　오끼와스레마시다

❷ 택시

택시 타는 곳은 어디입니까?

　　タクシ-乗場はどこですか?
　　다꾸시이　노리바와　도꼬데스까

택시를 불러 주세요.

　　タクシーを呼んで下さい。
　　다꾸시이오 욘데 구다사이

~까지 얼마죠?

　　~まで幾らで行きますか?
　　~마데 이꾸라데 유끼마스까

~에 가 주세요.

　　~まで行って下さい。
　　~마데 잇떼 구다사이

여기서 잠깐 기다려 주세요.

　　ここでちょっと持っていて下さい。
　　고꼬데 조또 맛떼 이데 구다사이

똑바로 가세요.

　　まっすぐに行って下さい。
　　맛스구니 잇떼 구다사이

다음 모퉁이에서 오른쪽 (왼쪽)으로 돌아가세요.

　　次の角を右(左)へ曲がって下さい。
　　쯔기노 가도오 미기(히다리)에 마갓떼 구다사이

빨리 해 주세요.

　　急いで下さい。
　　이소이데 구다사이

여기서 세워 주세요.

ここで止めて下さい.
고꼬데 도메데 구다사이

얼마죠?

幾らですか?
이꾸라데스까

비싼데요.

高過ぎるね.
다까스기루네

미터 요금밖에는 지불할 수 없어요.

メーターの料金しか拂わないよ.
메에따아노 료오낀시까 하라와나이요

잔돈은 그만두세요

つり錢はとっといて下さい.
쯔리셍와 돗또이데 구다사이

3 버스

~가는 버스 정거장은 어디입니까?

~行きのバスの停留所はどこですか?
~유끼노 바스노 데이류우죠와 도꼬데스까

~까지 얼마입니까?

~まで幾らですか?
~마데 이꾸라데스까

~가는 버스 정거장은 여기서 가까운 곳이 어디입니까?

~行きバスの最寄りの停留所はどこですか?
~유끼 바스노 모요리노 데이류우죠와 도꼬데스까

여기서 몇 번째입니까

ここから幾つめですか?
고꼬까라 이꾸쯔메데스까

여기서 내려 주세요.

ここで降ろして下さい.
고꼬데 오로시데 구다사이

4 전세차(專貰車)

값 싸고 운전하기 쉬운 차를 가르쳐 주세요.

安くて運轉しやすい車を敎えて下さい.
야스꾸데 운뗀시야 스이 구루마오 오시에데 구다사이

요금표를 보여 주세요.

料金表を見せて下さい.
료오낑효오오 미세데 구다사이

사고 때의 연락처를 가르쳐 주세요.

事故の場合の連絡先を敎えて下さい.
지꼬노 바아이노 렌라꾸사끼오 오시에데 구다사이

이것이 내 국제 운전 면허증 입니다.

これか私の國際運轉免許證です.
고레가 와다시노 고꾸사이 운뗀 멩꼬쇼오데스

내일 아침 ~호텔까지 차를 보내 주세요.

明朝~ホテルまで車を廻してさい.
묘오쪼오 ~호테루마데 구루마오 마와시데 구다사이

고장입니다. 가지러 와주세요.

故障です. 取りに來て下さい.
고쇼오데스. 도리니 기데 구다사이

5 꼭 알아두어야 할 단어

기차　　　　　　　汽車
　　　　　　　　　기샤

역　　　　　　　　驛
　　　　　　　　　에끼

플랫폼　　　　　　プラットホーム
　　　　　　　　　뿌랏또호오무

차장　　　　　　　車掌
　　　　　　　　　샤쇼오

포터　　　　　　　赤幅
　　　　　　　　　아까보오

입구　　　　　　　入口
　　　　　　　　　아리구찌

출구　　　　　　　出口
　　　　　　　　　데구찌

수하물 일시 보관소　手荷物一時預り所
　　　　　　　　　데니모쯔 이찌지 아즈까리쇼

출찰소　　　　　　出札所
　　　　　　　　　슛사쯔죠

개찰구	改札口
	가이사쯔구찌
보통 열차	普通列車
	후쯔우렛샤
주간(야간) 열차	晝間(夜行) 列車
	쮸우깐(야꼬오) 렛샤
개인실	個室
	고시쯔
상단 (하단) 침대	上段(下段)寢台
	죠오단 (게단)신다이
왕복표	往復切符
	오오후꾸 킵뿌
스모킹 카	喫煙車
	기쯔엔샤
시간표	時刻表
	지꼬꾸효오
전차	電車
	덴샤
지하철	地下鐵
	지까데쯔
시내 전차	市街電車
	시가이 덴샤

시내 전차 정거장	市街電車停留所 시가이 덴샤 데이류우죠
시내 버스	市內バス 시나이 바스
무궤도 전차	トロリー・バス 도로리이 바스
장거리 버스	長距離バス 조오쿄리 바스
버스 터미널	バス・ターミナル 바스 타아미나루
전세차(택시)	ハイヤー 하이야아
케이블카	ケーブル・カー 케에부루 카아
로우프 웨이	ロープ・ウェイ 로오뿌 웨이
연락선	フェリ 훼리
보증금	保證金 호쇼오낀

임차료(기본료)	借用料 샤꾸요오료오
자동차 사고 보험	自動車事故保險 지도오샤 지꼬 호껜
휘발유	ガソリン 가소린
기름	オイル 오이루
세단	セダン 세단
도로 지도	道路地圖 도오로 지즈
안내책	ガイドブック 가이도북꾸
고속 도로	高速道路 고오소꾸 도오로
국도	國道 고꾸도오
주차장	駐車場 슈우샤죠오
주유소	ガソリン・スタンド 가소린 스탄도

갈 곳을 물을 때
ASKING THE WAY

※ 길을 잃어버렸을 때

토쇼 궁의 카라몬(당문)

외국 같은 데서 길을 잃었거나 모를 때처럼 서글픈 것은 없다. 그리고 단체 여행 도중, 혼자 버스 속에 남아 있을 때의 그 고적감이란 말할 수 없는 것이다. 그럴 때 자기 숙소에 무사히 돌아가기 위해서는 반드시 호텔의 이름을 분명히 기억해 둘 필요가 있다. 야간에 혼자 외출할 때는 호텔에서 교부하는 카드나 시가지 지도를 휴대하는 것이 안전한다.
목적지까지의 길을 자세히 모를 때는 통행인이나 경관·점포 등에 들러 물어보는 것이 상책이나 이럴 때 간단한 외국어 한두 마디는 익혀두는 것이 편리하다

※ 화 장 실
외국에서 길을 걸어갈 때 화장실을 찾을 수 없어 매우 곤란한 때가 많다. 보통 빌딩 안의 화장실은 열쇠가 걸려 있어 거기에 근무하는 사람밖에는 사용할 수 없는 경우가 많다. 공항 등의 화장실은 거의 유료이며 한 번에 수백 원을 치러야 한다. 대개 도어에 동전을 넣어 열게 돼 있으며, 보통 팁도 필요하다. 화장실의 표지는 신사용에 MEN, GENTLEMEN, 숙녀용에 WOMEN, LADIES 등. 타이완 또는 홍콩 등지에는 한자의 표지가 붙어 있다.

※ 팁
외국 여행에서 가장 골치 아픈 것이 이 팁이다. 선박·열차·택시 등을 탈 때도 팁을 주는 것이 상식으로서 호텔·레스토랑·바·이발관 등은 물론, 구두닦이·포터(驛夫)에게도 주는 것이 보통이다. 팁이 전혀 필요 없는 곳은 항공기 내부에 있어서다.
팁의 비율은 대략 15퍼센트를 표준삼아 잡으면 틀림없다. 동남아시아의 호텔이나 레스토랑에서는 계산서에 미리 10퍼센트 내지 20퍼센트의 팁이 가산돼 있는 것이 보통이다. 그렇다고 팁이 전혀 필요 없다는 것은 아니다. 팁을 줄 때는 잔돈으로 치를 경우가 많으므로 환전소에서 잔돈을 미리 바꾸어 두는 것이 좋다.

갈곳을 물을 때

미안합니다만, ~로 가는 길을 가르쳐 주세요.

すみませんが, ~へ行く道を教えて下さい.
스미마셍가, ~에 유꾸미찌오 오시에데구다사이

이 근처에 (우체국)이 있습니까?

この近くに(郵便局)がありますか?
고노 찌까꾸니(유우빙교꾸)가 아리마스까

~호텔은 여기서 멉니까?

~ホテルはここから遠いですか?
~호테루와 고꼬까라 도오이데스까

여기는 어디입니까?

ここはどこですか?
고꼬와 도꼬데스까

이 길은 뭐라고 합니까?

この通りは何といいますか?
고노 도오리와 난또 이이마스까

(지도를 보이고) 현재 위치를 가리켜 주세요.

現在の位置を示して下さい.
겐자이노 이찌오 시메시데 구다사이

저 건물은 무엇입니까?

あの建物は何ですか?
아노 다떼모노와 난데스까

~까지의 그림을 그려 주세요.

~までの地圖を書いてください.
~마데노 지즈오 가이떼 구다사이

여기서 ~까지 걸어서 (버스로) 얼마나 걸립니까?

ここから~まで歩いて(バスで)どのくらいかかりますか?
고꼬까라 ~마데 아루이떼 (바스데) 도노구라이 가까리마스까

북쪽은 어디입니까?

北はどちらですか?
기따와 도찌라데스까

도중의 목표를 말해 주세요.

途中の目印を言って下さい.
도쮸우노 메지루시오 잇떼 구다사이

똑바로 갑니까?

まっすぐに行くのですか?
맛스구니 유꾸노데스까

몇 번째 모퉁이를 돕니까?

何番目の角を曲がるのですか?
난밤메노 가도오 마가루노데스까?

왼쪽 (오른쪽)으로 돕니까?

左(右)へ曲がるのですか?
히다리(미기)에 마가루노데스까

2 꼭 알아두어야 할 단어

동쪽	東 히가시	
서쪽	西 니시	
남쪽	南 미나미	
북쪽	北 기따	
우(우측)	右(右側) 미기(미기가와)	
좌(좌측)	左(左側) 히다리(히다리가와)	
앞	前方 젠뽀오	

뒤	後方	고오호오
옆	橫(脇)	요꼬(와끼)
이쪽	こちら側	고찌라가와
저쪽	向こう(反對)側	무꼬오(한따이)가와
가(街)	ブロック	부록꾸
도로	道路	도오로
큰길	大通り	오오도오리
가로	街路	가이로
가로수길	木竝	나미끼미찌
보도	步道	호도오
네거리	交叉點	고오사뗀
횡단 보도	橫斷步道	오오당 호도오

다리	橋 하시
교통 신호	交通信號 고오쯔우 싱고오
도로 표지	道路標識 도오로 효오시끼
주소	住所 쥬우쇼
파출소	交番 고오반
경찰관	巡査 쥰사
공중전화	公衆電話 고오슈우 뎅와
교회	敎會 교오까이
절	寺院 지인
대학	大學 다이가꾸
시내	下町 시다마찌
시계탑	時計臺 도께이다이

광장	廣場 히로바
분수	噴水 훈스이
운동 경기장	運動競技場 운도오 쿄오기죠오
강	川 카와
운하	運河 웅가
탑	塔 토오
공원	公園 고오엔
시청	市廳舍 시쪼오샤
시장	市場 이찌바

관 광
SIGHTSEEING

나스(那順)의 운암사(雲巖寺)

※ 관광 안내소
　주요 도시의 공항이나 도심지의 관광 안내소에는 여행자를 위해 관광에 관한 제공해 주는 설비가 되어 있다.
　또 팜플렛이나 지도 등도 무료로 얻을 수 있어 대단히 편리하다.

※ 관광 버스

이용해야 할 정기 관광 버스가 없는 곳에서는 일반 관광 버스·일반 버스·택시 등을 이용하여야 하므로 비싼 요금을 치르게 된다. 호텔의 프런트나 여행사와 직접 교섭하여 회원객(會員客)을 모집하면 그만큼 단가가 싸게 든다. 주요 도시 여행사에서는 대개 여러 나라 말을 할 수 있는 안내인을 배치하고 있고, 또 자기 나라 말을 할 수 있는 가이더를 붙일 수도 있다.

※ 사진

흑백·컬러의 두 가지 사진기를 함께 사용하면 그만큼 재미를 볼 수 있다. 코닥 컬러를 비롯하여 외국제 컬러 필름은 한국으로 가지고 와 현상할 수 있다. 항공기 창문에서 촬영을 할 때는 창문 유리의 반사광선에 유의하여, 1/100 이상의 셔터로써 카메라를 창틀에 대지 말고 자기 몸에 고정시켜 촬영하는 것이 좋다. 촬영 금지 구역의 표지에도 세심한 배려가 필요하다.

※ 지도

여행을 떠나기 전에 각종 지도를 미리 구하여 연구해 둘 필요가 있다. 항공회사의 카운터 등에는 무료로 제공하는 지도가 있고, 각국 도시의 관광 안내소에도 관광 지도를 서비스하고 있는 곳이 많다. 물론 시판(市販)도 있고, 현지어(現地語)만으로 기록돼 있는 것도 있다.

1 관광 안내소

관광 장소를 가르쳐 주세요.

觀光箇所を教えて下さい.
강꼬오 가쇼오 오시에데 구다사이

나는 (세) 시간 여유가 있습니다.

私は (3) 時間餘裕があります.
와다시와(산)지깐 요유우가 아리마스

어떤 순서를 돌아보는 것이 좋습니까?

どんな順序で廻るのが一番よいですか?
돈나 죤죠데 마와루노가 이찌방 요이데스까

나는 ~을 보고 싶소.

私は~を見たい.
와다시와 ~오 미따이

나는 ~에 가고 싶소.

私は~へ行きたい.
와다시와 ~에 유끼따이

영어 안내서를 얻을 수 있습니까?

英語の案內書を貰えますか?
에이고노 안나이쇼오 모라에마스까

(한국말)을 하는 안내원을 부탁하고 싶소.

(韓國語)の話せるガイドを頼みたい.
(강꼬꾸고)노 하나세루가이도오 다노미따이

하루 얼마입니까?

一日幾らですか?
이찌니찌 이꾸라데스까

2 관광 버스

시내 관광 버스(전세)는 있습니까?

市內觀光バス(ハイヤー)はありますか?
시나이 강꼬오 바스(하이야)와 아리마스까

어디를 돕니까?

どこを廻るのですか?
도꼬오 마와루노데스까

몇 시간 걸립니까?

何時間かかりますか?
난지깡 가까리마스까

몇 시 발입니까?

何時發ですか?
난지 하쯔데스까

몇 시에 돌아옵니까?

何時に戻りますか?
난지니 모도리마스까

어디로 나갑니까?

どこかち出ますか?
도꼬까라 데마스까

~호텔에서 탈 수 있습니까?

~ホテルカら乗れますか?
~호테루까라 노레마스까

오전(오후·밤) 코스가 있습니까?

午前(午後·夜)のコースがありますか?
고젠(고고·요루)노 코오스가 아리마스까

쇼나 연극을 보는 코스는 있습니까?

ショ-ガ劇を見るコースはありますか?
쇼오까 게끼오 미루 꼬오스와 아리마스까

입장료는 포함되어 있습니까?

入場料は含まれていますか?
뉴우죠오료오와 후꾸마레떼 이마스까

입장료는 얼마입니까?

入場料は幾らですか?
뉴우죠오료오와 이꾸라데스까

저것은 무엇입니까?

あれは何ですか?
아레와 난데스까

어느 때 것입니까?

いつ頃のものですか?
이쓰고로노 모노데스까

(오페라)는 어디서 볼 수 있습니까?

(オペラ)はどこで見られますか?
(오뻬라)와 도꼬데 미라레마스까

지금 무엇을 하고 있습니까?

今何をやっていますか?
이마 나니오 얏떼 이마스까

누가 출연하고 있습니까?

誰が出演していますか?
다레가 슈쯔엔시데 이 마스까

개막(종막)은 몇 시입니까?

開演(終演)は何時ですか?
가이엔(슈우엔)와 난지데스까

며칠 까지 합니까?

何日までやっていますか?
난니찌마데 얏떼 이마스까

좋은 자리를 갖고 싶어요.

良い座席が欲しい.
요이 자세끼가 호시이

(안내원에게) 내 자리에 안내하여 주세요.

私の座席へ案内して下さい.
와다시노 자세끼에 안나이시데 구다사이

3 사 진

여기서 사진을 찍어도 좋습니까?

ここで寫眞を撮ってもいいですか?
고꼬데 샤싱오 돗떼모 이이데스까

미안합니다만 셔터를 눌러주세요.

すみませんがシャッターを押して下さい.
스미마셍가 샷따아오 오시데 구다사이

나하고 같이 찍어 주세요.

私と一緒にカメラに入って下さい.
와다시또 잇쇼니 카메라니 하잇떼 구다사이

4 지도

바다	海 우미
육지	陸 리꾸
만	灣 완
반도	半島 한또오
섬	島 시마
산	山 야마
화산	火山 가잔
숲	森 모리
호수	湖 미즈우미
온천	温泉 온센

폭포	湧	다끼
사막	砂漠	사바꾸
해안	海岸	가이간
바닷가	海邊	우미베

5 꼭 알아두어야 할 단어

구경	見物	겜부쯔
명소	名所	메이쇼
고적	舊跡	규우세끼
유람선	遊覽船	유우란센
마차	馬車	바샤

시내 중심	市の中心	시노쥬우신
교외	郊外	고오가이
미술관	美術館	바쥬쯔깐
박물관	博物館	하꾸부쯔깐
화랑	畵廊	가로오
전람회	展覽會	덴랑까이
박람회	博覽會	하꾸랑까이
음악회(음악당)	音樂會(音樂堂)	옹가꾸까이(옹가꾸도오)
연극	演劇	엥게끼
영화관	映畵館	에이가깐
고전 음악(경음악)	古典音樂(輕音樂)	고뗀옹가꾸(게이옹가꾸)
민족 음악(민족 무용)	民族音樂(民族舞踊)	민조꾸옹가꾸(민조꾸 부요오)

서커스	サーカス 사아까스
레뷰	レビュー 레뷰우
뮤지컬	ミュージカル 미유지까루
좌석 쇼	寄席演藝 요세 엥게이
발레	バレー 바레에
카바레	キャバレー 캬바레에
댄스홀	ダンス・ホール 단스 호오루
나이트 클럽	ナイトクラブ 나이또 쿠라부
맥주홀	ビヤホール 비야호오루
커버 차지(cover charge)	席科 세끼료오
의사당	議事堂 기지도오
성	城 시로

궁전	宮殿 규우덴
동상	彫像 쵸오조오
못	池 이께
정원	庭園 데이엔
동물원	動物園 도오브쯔엔
식물원	植物園 쇼꾸부쯔엔
수족관	水族館 스이조꾸깐
유원지	遊園地 유우엔찌
묘지	墓地 보찌
묘	墓 하까
기념비	記念碑 기넹히
특별(연중) 행사	特別(年中)行事 도꾸베쯔(넨쮸우)교오지

축제	祭	
	마쯔리	
그림 엽서	繪はがき	
	에하가끼	
프로그램	プログラム	
	푸로구라무	
출입 금지	立入禁止	
	다찌이리긴시	
촬영 금지	撮影禁止	
	사쯔에이 긴시	

쇼 핑
SHOPPING

미노부 역전의 쇼핑 가게

※ 쇼핑 시간

　외국에서 쇼핑을 할 때는 그 상점의 영업 시간에 유의하여야 한다. 나라에 따라 다르기는 하지만 보통 토요일 오후와 일요일·축제일은 휴업한다. 그러나 여행자를 위한 토산품점은 土 · 日 · 축제일에도 개점하는 곳이 있다.

※ 선물용품

MADE IN KOREA (한국제)에 유의하여 어느 나라 제품인가를 확인한 후 사들일 것. 출발 전 각 도시의 명산품이나 선물용 상품을 미리 조사하여 두는 것도 현책(賢策)이다.

※ 면세점

주요 공항에서는 국제선 여객을 위한 면세품 매장(Tax - Free Shop)을 설치하여 주로 양주 · 담배류를 팔고 있다. 술 3병, 향수 2온스, 시계 2개, 담배 10갑까지 면세, 그 밖에 선물 등 도합 5만 원 정도까지 면세된다.

그리고 외국에서는 쇼핑 후 거스름돈을 이상한 방법으로 치른다. 말하자면 단위가 작은 부분부터 차례로 내놓는 습관이 있으니 이 점을 주의해야 한다.

※ 구두닦이

가두(街頭)에서도 닦아 주지만 되도록이면 호텔에서 닦는 것이 편리하다. 취침 전에 자기 방 앞에 벗어 놓으면 다음날 아침에는 깨끗이 닦아져 있다. 미리 구두 속에 팁을 넣어 둘 것.

※ 이발관 · 미장원

큰 호텔에서는 이발관과 미용원을 가진 곳도 많다. 요금은 우리나라에 비해 상당히 비싸므로 미리 요금표를 본 뒤, 세발(洗髮)은 필요 없다든가, 면도만 한다든가를 똑똑히 알린 후 해야 한다.

1 쇼 핑

~는 어디서 살 수 있습니까?

～はどこで買えますか?
～와 도꼬데 가에마스까

~을 사고 싶어요.

～を買いたい.
～오 가이따이

~을 보여 주세요.

～を見せて下さい.
～오 미세데 구다사이

잠깐 보는 것뿐입니다.

ちょっと見てるだけです.
좃또 미데루 다께데스

다른 것을 보여 주세요.

ほかのを見せて下さい.
호까노오 미세데 구다사이

더 좋은(싼)것이 있습니까?

もっとよい(安い)のがありますか?
못또 요이(야스이) 노가아리마스까

너무 크(작)다.

　大き(小さ)すぎる.
　오오끼(찌이사)스기루

(작은 것을 보이며)이만한 것을 보여 주세요.

　この寸法のものを見せて下さい.
　고노 슨뽀오노 모노오 미세데 구다사이

너무 화려(수수)합니다.

　派手(地味)すぎる.
　하데(지미)스기루

이것을 사겠습니다.

　これをもらおう.
　고레오 모라오오

비싸요. 깎을 수 없습니까?

　高すぎる.まかりませんか?
　다까스기루. 마까리마셍까

모두 얼마입니까?

　全部で幾らですか?
　젬부데 이꾸라데스까

~호텔까지 갖다 주세요.

　~ホテルまで窟けて下さい.
　~호떼루마데 도도께데 구다사이

계산이 안 틀렸습니까? 확인해 주시죠.

計算が違っていませんか?もう一度確かめて下さい.
게이상가 지갓떼 이마셍까. 모오 이찌도 다시까메데 구다사이

이것을 내일까지 맡아 주세요.

これを明日でとフいてくれませんか?
고레오 묘오니찌마데 돗또이 떼 구레마셍까

이것을 바꾸어 주시겠습니까?

二れを取りかえてくれますか?
고레오 도리까에데 구레마스까

이것과 같은 것이 있습니까?

これと同じ物がありますか?
고레또 오나지 모노가 아리마스까

안경을 마추고 싶소.

眼境をつくりたい.
메가네오 쯔꾸리따이

눈을 검사해 주세요.

檢眼して下さい.
겡간시데 구다사이

이 시계를 수리해 주세요.

この時計を修理して下さい.
고노 도께이오 슈우리시데 구다사이

구두를 닦아 주세요.

　　靴を磨いて下さい.
　　구쯔오 미가이떼 구다사이

구두끈을 주세요.

　　靴ひもを下さい.
　　구쯔히모오 구다사이

 미용실·이발소

머리만 깎아 주세요.

　　散髪だけして下さい.
　　산바쯔다께 시데 구다사이

짧게 깎아 주세요.

　　短かく刈って下さい.
　　마찌까꾸 갓떼 구다사이

조금만 잘라 주세요.

　　少しだけ刈って下さい.
　　스고시다께 갓떼 구다사이

이 머리 모양으로 해 주세요.

この髪型にして下さい.
고노 가미가다니 시데 구다사이

살짝(되게) 파마해 주세요.

かるく(きつく)パーマして下さい.
가루꾸(기쯔꾸) 빠아마시데 구다사이

머리 감고 세트해 주세요.

洗ってセットして下さい.
아랏떼 셋또시데 구다사이

검게 물들여 주세요.

黒く染めて下さい.
구로꾸 소메데 구다사이

③ 카메라

이 카메라에 필름을 넣어 주세요

このカメラにフイルムをセットして下さい.
고노 카메라니 휘루무오 셋또시데 구다사이

이것을 현상해 주세요.

これを現像して下さい.
고레오 겐조오시데 구다사이

언제 됩니까?

いつできますか?
이쯔 데끼마스까

셔터의 상태가 나쁩니다.

シャッタの具合が悪い.
샷따아노 구아이가 와루이

필름을 잘못 감아 넣었습니다.

フイルムの卷取りが悪い.
휘루무노 마끼도리가 와루이

 **꼭 알아두어야 할 단어**

백화점	百貨店	학까뗀
토산품(토산품점)	土産品(土産品店)	미야게힌 (미야게힌뗀)
민예품	民藝品	밍게이힌
인형	人形	닝교오
그림	繪	에
구두(양화점)	靴(靴屋)	구쯔(구쯔야)
파이프	パイプ	빠이뿌
라이터	ライター	라이따아
담배 케이스	シガレット・ケース	시가렛또 께에스

시계(시계점)	時計(時計店) 도께이(도께이뗀)
책(서점)	本(本屋) 혼(홍야)
장난감(장난감 가게)	おもちゃ(おもちゃ屋) 오모쨔(오모쨔야)
레코드(레코드 가게)	レコード(レコード店) 레꼬오도(레꼬오도뗀)
안경점	めがね屋 메가네야
선글라스	サングラス 상그라스
만년필	万年筆 만넹히쯔
화장품	化粧品 게쇼오힌
면도	かみそり 가미소리
빗	くし 구시
휴지	鼻紙 하나가미

손수건	ハンカチ	항 까찌
양복점	洋服店	요오후꾸야
모피	毛皮	게가와
핸드백	ハンド・バッグ	한도 박구
넥타이	ネクタイ	네꾸따이
모자	帽子	보오시
벨트	ベルト	베루또
장갑	手袋	데부꾸로
스타킹	ストッキング	스똑낑구
양말	くつした	구쯔시다
내의	下着	시다기

보석점	寶石店	
	호오세끼뗀	
금제품	金製品	
	킨세이힌	
은제품	銀製品	
	긴세이힌	
상아	象牙	
	조오게	
네클레이스	ネックレス	
	넥꾸레스	
귀고리	イヤリング	
	이야링구	
넥타이핀	ネクタイピン	
	네꾸따이삔	
커프스 버튼(단추)	カフス・ボタン	
	까후스 보딴	
골동품(골동품점)	こっとう品(こっとう品店)	
	곳또오힌(곳또오힌뗀)	
수염깎기	ひげ剃り	
	히게소리	
오일 샴프	オイル・シャンプ-	
	오이루 샴뿌우	

매니큐어 マニキュア
  마니뀨아

프린트(슬라이드)용 컬러 필름
  プリント(スライド)用カラー・フイルム
  뿌린또(스라이도)요오카라아 휘루무

8밀리 영화용 필름 8ミリシネ用フイルム
  하찌미리 시레요오 휘루무

서른여섯 장짜리 필름 36枚どりフイルム
  산쥬우로꾸마이도리 휘루무

필터 フイルタ
  휘루타

녹음 테이프 録音テープ
  로꾸온 테에뿌

우편·전화
POSTAL SERVICE & TELEPHONING

공중에서 본 오오사카 역 주변

※ 우편

외국에서 고국으로 편지를 써 부치는 것은 즐겁지만 나라에 따라 우편 요금, 소요 일수(所要日數)가 다르기 때문에 다소 귀찮은 점도 없지는 않다.

여행자의 해외에서 부치는 우편은 보통 엽서(그림 엽서), 봉서(항공편 · 배편) 등이지만, 배편은 요금은 싸나 소요 일수가 길어서 1개월 이상 걸릴 수도 있다. Air Letter(항공 서한)는 훨씬 싸게 든다.

비행기 내에 설치된 용지를 쓰게 되면 심심풀이도 되는 동시, 항공회사의 서비스로 발신이 되므로 여러 모로 유익하다.

수신자명(受信者名)은 보통 로마자(字)로 쓰는 것이 통례이며, R.O.K 또는 Korea라고 크게 쓰거나 그 밑에 밑줄을 그어 놓을 것. 혹은 그 곁에 한국어로 작게 수신자명을 적어 두면 국내 배달시에 편리하다.

우편 포스트의 모양은 나라에 따라 천차만별이므로 특히 유의할 것. 호텔의 프런트에 맡기는 것이 좋다.

※ 전 보

거의 모든 나라에서 국제 전보의 전문(電文)은 영어 외에 한국어(로마字)로도 타전할 수 있다. 전보 요금은 한 단어(최고 15자) 단위로 계산하며 상대방 주소도 어수(語數)에 들어가므로 가급적이면 케이블 어드레스(Cable Address:전보용 수신자 약호)를 사용하는 것이 좋다. 전보의 종류는 Urgent(지급 전보), Ordinary(보통 전보), LT(서신 전보 - 다음날 배달) 등이 있으며, 각기 한 단어당 요금이 다르다.

※ 전 화

국제 전화를 걸 때는 첫째 시차(時差)를 조사하여 한국의 현재 시간을 확인하여 둘 것. 요금은 비싸나, 교환수에 부탁하면 상대방의 소재를 조사한 후 연결해 주는 서비스(Person - to - Person Call : 통화자 지정)도 있다.

① 우편

우체국은 어디 있습니까?

郵便局はどこですか?
유우빙꾜꾸와 도꼬데스까

한국으로 보내는 항공 우편엽서 요금은 얼마입니까?

韓國への航空郵便葉書の料金はいくらですか?
강꼬꾸에노 고오꾸우 유빙 하가끼노 료오낑와 이꾸라데스까

이 편지를 항공(배)편으로 부쳐 주세요.

この手紙を航空(船)便で出して下さい.
고노데가미오 고오꾸우(후나)빈데 다시데 구다사이

며칠 만에 한국에 도착합니까?

何日で韓國へ着きますか?
난니찌데 강꼬꾸에 쯔끼마스까

이 편지(소포)를 등기로 해 주세요.

この手紙(小包)を書留にして下さい.
고노 데가미(고즈쯔미)오 가끼도메니 시데 구다사이

2 전보

전보 용지를 주세요.

頼信紙を下さい.
라이신시오 구다사이

이 전보를 쳐 주세요.

この電報を打って下さい.
고노 뎀뽀오오 웃떼 구다사이

한국에 국제 전보를 치고 싶소.

韓國へ國際電報を打ちたい.
강꼬꾸에 고꾸사이뎀뽀오오 우찌따이

3 電話

이 번호에 전화를 거는 법을 가르쳐 주세요.

この番號に電話する方法を教えて下さい.
고노 방고오니 뎅와스루 호오호오오 오시에데 구다사이

여보세요. ～씨입니까?

もしもし, ～さんですか?
모시모시, ～산데스까

여기는 ～입니다.

こちらは ～です.
고찌라와 ～데스

～씨를 부탁합니다.

～さんをお願いします.
～상오 오네가이시마스

한국말 (영어)을 하는 사람을 대 주세요.

韓國語(英語)の語せる人を出して下さい.
강꼬꾸고(에이고)노 하나세루 히도오 다시데 구다사이

또 나중에 전화하겠습니다.

また後で電話します.
마따 아또데 뎅와시마스

나에게 전화해 주세요.

私に電話して下さい.
와다구시니 뎅와시데 구다사이

지급으로 불러 주세요.

至急で呼び出して下さい.
시뀨우데 요비다시데 구다사이

통화 시간을 연장해 주세요.

通話時間を延長して下さい.
쯔우와 지깡오 엔쪼오시데 구디사이

(화재나 사고 때)긴급입니다.

緊急です.
깅큐우데스

경찰에 대 주세요.

警察につないで下さい.
게이사쯔니 쯔나이데 구다사이

한국에 전화하고 싶소.

韓國へ電話したい.
강꼬꾸에 뎅와시따이

시간은 얼마나 걸립니까?

時間はどのくらいかかりますか?
지깡와 도노구라이 가까리 마스까

전화 번호책

電話帳
뎅 와 쪼오

4 꼭 알아두어야 할 단어

엽서　　　　　　　葉書
　　　　　　　　　하가끼

우표　　　　　　　郵便切手
　　　　　　　　　유우빙 깃떼

봉투　　　　　　　封筒
　　　　　　　　　후우또오

편지지　　　　　　便箋
　　　　　　　　　빈센

항공 우편　　　　　エア・レター
　　　　　　　　　에아 레따아

우체통　　　　　　郵便ポスト
　　　　　　　　　유우빙 뽀스또

지급 전보　　　　　至急電報
　　　　　　　　　시뀨 뎀뽀오

주소	宛先 아데사끼
발신인	發信人 핫신닌
수신인	受信人 쥬신닌

여행 중 병을 앓을 때
IN ILLNESS

사가미 호수

해외에 나가게 되면 생활 환경의 급변으로 건강을 해치거나, 과중한 일정(日程)으로 피로해서 병을 앓을 우려가 많다. 건강한 여행을 하기 위해서는 꼭 알아두어야 한다.

※ 출국에 앞서
  이(齒)의 치료를 철저히 해 둘 것.
  안경을 끼는 사람은 안경의 처방전을 미리 준비할 것.
  위장(胃腸)을 잘 조절해 둘 것.

※ 여행 중에는
  폭음 폭식을 삼가고 편식을 하지 말 것. 되도록 야채를 많이 먹을 것.
  냉수를 되도록 삼갈 것.
  짧은 시간이나마 틈을 이용하여 휴식을 취하고 충분한 수면을 취할 것.
  이(齒)가 아플 때는 응급 치료를 할 것.

※ 휴대 상비약
  ① 최면제 · 진통제
  ② 배멀미 · 차멀미의 약
  ③ 감기약
  ④ 위장약(설사 · 식중독 · 장티푸스용)
  ⑤ 비타민
  ⑥ 옥도정기

지병(持病)이 있는 분은 의사의 영문 처방전을 지참하면 거의 모든 약을 드러그스토어에서 구할 수 있다.

그리고 휴대 의약품(화학 약품)은 정제라야 한다. 외국에서는 종이에 싼 가루약은 의사의 처방전에 따르는 것이거나, 마약 또는 극약류에 한하므로 세관 등에서 문제화할 우려가 있다.

불행히도 병을 앓게 되는 경우에는 호텔의 프런트에 부탁하여 의사를 불러야 하는데, 국내와 달라 진찰을 마친 의사는 처방전만 줄 뿐이므로 약은 별도로 구해야 한다.

쓸데없는 지출를 막기 위해 여행상해보험·질병보험 등에 들어두는 것도 좋다. 출국 전에 보험금 청구 방법도 알아둬야만 한다.

1 병이 들었을 때

병원에 데려다 주세요.

病院へ連れて行って下さい.
보잉에 쯔레데 잇떼구다사이

의사를 불러주세요.

醫者を呼んで下さい.
이샤오 온데 구다사이

기분이 나쁘다.

氣分が惡い.
기붕가 와루이

열이 있다.

熱がある.
네쯔가 아루

머리 (배, 이)가 아파요.

頭(胃・齒)がいたい.
아다마(이・하)가 이따이

어지럽다.

目まいがする.
메마이가 스루

여기가 아파요.

ここが病い.
하라가 이따이

오한이 나요.

寒けがする.
사무께가 스루

설사를 했어요.

下痢をした.
게리오 시다

감기가 들었어요.

風雅をいした
가제오 히이따

과식(과음)했습니다.

食べ(飲み)すぎた.
다베(노미)스기따

기침이 나요.

セキがでる.
세끼가 데루

발을 삔 것 같아요.

足を挫いたらしい.
아시오 구지이따라시이

입원하지 않으면 안 됩니까?

入院しなければなりませんか？
뉴우인 시나께레바 나리마셍까

여행을 계속해도 좋습니까?

旅行を續けてもよろしいですか？
료꼬오오 쯔즈께데모 요로시이데스까

며칠쯤 안정이 필요합니까?

何日くらい安靜が必要ですか？
난니찌구라이 안세이가 히쯔요오데스까

얼마나 있으면 완치됩니까?

どのくらいで全快しますか？
도노구라이데 젱까이시마스까

여전히 좋지 않소.

相かわらずよくない．
아이가와라즈 요꾸나이

조금(대단히)좋아졌습니다.

少し(大變)よくなりました．
스꼬시(다이헨) 요꾸나리마시다

약은 몇 번 먹습니까?

藥は何回飮むのですか？
구스리와 낭까이 노무노데스까

2 꼭 알아두어야 할 단어

약국	藥局	약꾜꾸
내과 의사	內科	나이까이
외과 의사	外科	게까이
안과 의사	眼科	강까이
치과 의사	齒科	시까이
소아과 의사	小兒科	쇼오니까이
산부인과 의사	婦人科醫	후징까이
간호부	看護婦	강고후
주사	注射	쥬우샤

약	藥	
	구스리	
처방전	處方箋	
	쇼호오센	
탈지면	脱脂綿	
	닷시멘	
반창고	絆創膏	
	반소오꼬오	
붕대	包帶	
	호오따이	
가제	ガーゼ	
	가아제	
요오드링크	ヨードチンキ	
	요오도찡끼	
머큐로크롬	マーキュロム	
	마아큐롬	
연고	軟膏	
	난꼬오	
아스피린	アスピリン	
	아스삐린	

감기약	風邪藥	가제구스리
좌약	坐藥	자야꾸
가려움증약	かゆみ止め	가유미도메
수면제	睡眠藥	스이민야꾸
진통제	鎭痛劑	진쯔우자이
안약	目藥	메구스리
위장약	胃腸藥	이쪼오야꾸
식체	食あたり	쇼꾸아따리
폐렴	肺炎	하이엔
맹장염	盲腸炎	모오쪼오엔

수술	手術	슈쥬쯔
해수	ぜんそく	젠소꾸]
담	捻挫	넨자
타박상	打撲傷	다보꾸쇼오
골절	骨折	곳세쯔
상처	切傷	기리기즈
마사지	マッサージ	맛사아지
찜질	濕布	십뿌
구내염	口內炎	고오나이엔
편도선염	扁桃腺炎	헨또오셍엔

심장	心臟	신조오
간장	肝臟	간조오
목	のど	노도
입	口	구찌
코	鼻	하나
귀	耳	미미
머리	頭	아다마
손	手	데
발	足	아시
등	背中	세나까

허리	腰	고시
가슴	胸	무네
혈압	血壓	게쯔아쯔
맥박	脈はく	먀꾸하꾸
체온	體溫	다이온

五十音圖(ごじゅうおんず)
고주우온즈
ひうがな(平假名・히라가나)

	あ段	い段	う段	え段	お段
あ行	あ 아	い 이	う 우	え 에	お 오
か行	か 카	き 키	く 쿠	け 케	こ 코
さ行	さ 사	し 시	す 스	せ 세	そ 소
た行	た 타	ち 치	つ 츠	て 테	と 토
な行	な 나	に 니	ぬ 누	ね 네	の 노
は行	は 하	ひ 히	ふ 후	へ 헤	ほ 호
ま行	ま 마	み 미	む 무	め 메	も 모
や行	や 야	い 이	ゆ 유	え 에	よ 요
ら行	ら 라	り 리	る 루	れ 레	ろ 로
わ行	わ 와	(ゐ) 이	う 우	(ゑ) 에	[を] 오
	ん 응				

* 고딕체는 중복된 문자. ( )는 소멸된 문자. [ ]는 조사(助詞)로만 쓰이는 문자임.

五十音圖(ごじゅうおんず)

かたがな(片假名・가타카나)

	ア段	イ段	ウ段	エ段	オ段
ア行	ア 아	イ 이	ウ 우	エ 에	オ 오
カ行	カ 카	キ 키	ク 쿠	ケ 케	コ 코
サ行	サ 사	シ 시	ス 스	セ 세	ソ 소
タ行	タ 타	チ 치	ツ 츠	テ 테	ト 토
ナ行	ナ 나	ニ 니	ヌ 누	ネ 네	ノ 노
ハ行	ハ 하	ヒ 히	フ 후	ヘ 헤	ホ 호
マ行	マ 마	ミ 미	ム 무	メ 메	モ 모
ヤ行	ヤ 야	**イ** 이	ユ 유	**エ** 에	ヨ 효
ラ行	ラ 라	リ 리	ル 루	レ 레	ロ 로
ワ行	ワ 와	(ヰ) 이	ウ 우	(ヱ) 에	[ヲ] 오
	ン 응				

일본어회화

- 초판 1쇄 __ 2011년 6월 10일 발행
- 초판 4쇄 __ 2013년 5월 20일 발행

- 엮 은 이 __ 손범수
- 편집주간 __ 이선종

- 펴 낸 곳 __ 아이템북스
- 펴 낸 이 __ 박효완
- 편집기획 __ 정용숙 · 전상훈

- 등록번호 __ 제2-3387호
- 등 록 일 __ 2001년 8월 7일
- 주   소 __ 서울특별시 마포구 서교동 444-15

※ 파본이나 잘못된 책은 교환해 드립니다.